新文科建设教材
金融学系列

SUPPLY CHAIN FINANCE
供应链金融

卢锐　洪小娟◎主编

清华大学出版社
北京

内 容 简 介

21世纪的竞争不再是企业和企业之间的竞争，而是供应链和供应链之间的竞争，供应链金融更是其中的重要手段。本书归纳和梳理了国内外供应链金融的新近研究成果和发展前沿，选取大量中国企业真实案例，突出中国情境、中国案例、中国故事、中国成就，以中国市场环境下多样化的供应链金融实践为基础，系统介绍供应链金融的产生、内涵、模式及未来发展等。

本书可用于金融工程、物流管理、经济学等专业本科生的课堂教学，也可作为金融学研究生和MBA等的参考用书，以及相关管理人员的培训用书。

本书封面贴有清华大学出版社防伪标签，无标签者不得销售。
版权所有，侵权必究。举报：010-62782989，beiqinquan@tup.tsinghua.edu.cn

图书在版编目（CIP）数据

供应链金融 / 卢锐，洪小娟主编. -- 北京 : 清华大学出版社，2025.3. (新文科建设教材). -- ISBN 978-7-302-68727-6

Ⅰ. F252.2

中国国家版本馆 CIP 数据核字第 20257UW635 号

责任编辑：胡　月
封面设计：李召霞
责任校对：王荣静
责任印制：丛怀宇

出版发行：清华大学出版社
网　　址：https://www.tup.com.cn，https://www.wqxuetang.com
地　　址：北京清华大学学研大厦 A 座
邮　　编：100084
社 总 机：010-83470000
邮　　购：010-62786544
投稿与读者服务：010-62776969，c-service@tup.tsinghua.edu.cn
质 量 反 馈：010-62772015，zhiliang@tup.tsinghua.edu.cn
课 件 下 载：https://www.tup.com.cn，010-83470332

印 装 者：北京鑫海金澳胶印有限公司
经　　销：全国新华书店
开　　本：185mm×260mm
印　张：9
字　数：194 千字
版　　次：2025 年 4 月第 1 版
印　次：2025 年 4 月第 1 次印刷
定　　价：45.00 元

产品编号：101199-01

《供应链金融》编辑委员会

主　编：卢　锐　洪小娟
副主编：方湖柳　周立岩　占济舟
编委会：黄先永　卢　迪　范昊诚　赵帅东　胡　薇　徐　娟
　　　　梁　许　王　欣　张奕杰　林雨晴　徐鸿峰　刘延朝
　　　　孙澍垚　杜　婧　刘峻麟　潘滢秋　司韶占　王　丹
　　　　曹健鹏　张　凯　岳筱雨　张明龙　张浩军　战昱宁
　　　　余晨阳　范馨月　李潇翔　臧建东　项洁雯

前 言

21世纪的竞争不再是企业和企业之间的竞争，而是供应链和供应链之间的竞争，供应链金融更是其中的重要手段。当前，中国宏观经济增速放缓，中小企业经营压力加大，融资成本上升。供应链金融作为银行深度服务实体经济、解决中小企业融资问题的一种重要模式，通过利用供应链中各方的信用、风险和资金需求信息，将融资和资金管理等金融服务融入供应链贸易中，为供应链参与方提供资金支持和风险保障。近年来，我国陆续出台了各项推动供应链金融发展的政策，提升了供应链金融的战略高度。在传统供应链金融模式下，终端交易的真实性验证成本高，且不易操作，这导致难以有效防范操作风险与欺诈风险。尤其在一些数字化程度不高的中小微企业融资过程中，这些问题尤为突出，成为许多中小微企业出现融资难、融资贵，以及资金周转效率低等问题的根源之一。然而，数智化正在成为实体经济高质量发展的重要引擎，通过产业互联网布局、产业数字生态连接，以及运用大数据、区块链、人工智能、物联网等先进技术手段，已经产生新的变革。这些技术不仅帮助了融资过程中风险的评估与管理，还大大提高了下游中小微企业普惠金融服务的可获得性，同时能重新构建供应链各参与企业间的关系，将中小微企业更有效地纳入供应链网络，使其在供应链中的运营数据转化为"可评估的信誉"和"可流转的资产"。科技赋能、产业优化和金融支持不仅能缓解中小企业的融资问题，还能增强产业链的韧性和活力。

本教材历经多年探索，经过多年讲话、讲座、讲义等磨炼，积累了数十万字的原始讲稿等资料，在此基础上形成本教材。具体内容编写经过团队成员黄先永、卢迪、范昊诚、赵帅东、胡薇、徐娟、梁许、王欣、张奕杰、林雨晴、徐鸿峰、刘延朝、孙澍垚、杜婧、刘峻麟、潘滢秋、司韶占、王丹、曹健鹏、张凯、张明龙、张浩军、战昱宁、余晨阳、臧建东和项洁雯等反复交流、编写、讨论，终于呈现此稿，未来还会不断打磨。作为教材副主编的方湖柳、周立岩和占济舟等的策划论证，余龙进书记、王明琳院长和温怀德副院长等的关心指导，杭州师范大学金融工程省级一流专业的教学支持，江苏创新生态研究院的团队合作，都是本教材能够出版的基本保证。教材中收集的资料大部分来源于互联网，由于时间关系，部分资料没有注明来源，欢迎与我们联系，以备进一步修正。最后，还要感谢清华大学出版社杜星、胡月等的帮助。

卢锐、洪小娟

2025年3月

目 录

第 1 章 供应链金融概述 ... 1
1.1 什么是供应链 ... 5
1.2 供应链管理的基本概念 ... 7
1.3 供应链金融中的"三流" ... 14
1.4 供应链金融的内涵 ... 15
课后习题 ... 18

第 2 章 供应链金融相关理论 ... 19
2.1 信息不对称理论 ... 22
2.2 委托代理理论 ... 23
2.3 风险管理理论 ... 23
2.4 牛鞭效应 ... 24
2.5 供应链协调理论 ... 25
2.6 结构融资理论 ... 26
2.7 复杂网络理论 ... 27
2.8 区块链理论 ... 28
课后习题 ... 30

第 3 章 供应链金融生态圈 ... 31
3.1 供应链金融生态圈概述 ... 34
3.2 企业和公共部门用户 ... 35
3.3 物流服务提供商 ... 36
3.4 金融服务提供商 ... 37
3.5 供应链金融平台提供商 ... 38
3.6 咨询师和顾问 ... 40
3.7 行业和专业协会 ... 40
3.8 政府和公共机构 ... 41
3.9 学术界 ... 42
课后习题 ... 43

第 4 章　供应链金融历史演化与融资模式 … 44

4.1　供应链金融发展历史 … 46
4.2　突出运营主体的供应链金融模式 … 49
4.3　突出运营业务的供应链金融模式 … 59
4.4　供应链金融风险环节 … 64
课后习题 … 67

第 5 章　物流金融服务创新 … 68

5.1　物流金融的概念 … 72
5.2　国内外物流金融发展 … 74
5.3　物流金融发展的环境和创新思路 … 79
5.4　物流金融的运作模式及创新 … 85
课后习题 … 88

第 6 章　供应链金融的风险管理 … 89

6.1　供应链金融业务面临的风险 … 91
6.2　供应链金融的风险管理 … 95
课后习题 … 102

第 7 章　区块链技术赋能供应链金融创新发展 … 103

7.1　区块链相关概念概述 … 106
7.2　"区块链 + 供应链金融"应用现状 … 109
7.3　区块链技术在供应链金融中的优势与挑战 … 110
7.4　"区块链 + 供应链金融"创新发展的对策建议 … 113
课后习题 … 116

第 8 章　供应链金融的新前沿 … 117

8.1　供应链金融的时代新内核 … 120
8.2　供应链金融落地难题如何破解？ … 121
8.3　供应链金融是否在财政系统中打开了新的漏洞？ … 124
8.4　企业社会责任——供应链管理中有财务公平竞争吗？ … 126
8.5　我国供应链金融发展的建议与展望 … 128
课后习题 … 130

参考文献 … 131

第1章

供应链金融概述

学习目标：

1. 了解供应链的概念及其特征，熟悉常见的供应链结构模型及其应用场景。

2. 了解供应链管理的基本概念及其发展历程，明确供应链管理的重要性，了解当前供应链管理所面临的问题与挑战。

3. 掌握供应链金融的定义，熟悉供应链金融的一般模式，包括预付款融资、应收款融资、库存融资等，了解供应链金融的发展前景。

导入案例：

海尔供应链金融的探索

供应链金融链条长、环节多、参与方多、程序复杂，各个环节之间互相依存、环环相扣，其中任何一个步骤出现问题，都会波及其他环节。

随着市场经济变化，再加上"家电下乡"的补助政策的结束，中国家电行业市场再无往日繁荣，各家电公司业绩持续保持平稳甚至下跌，家电行业的竞争也愈演愈烈。为进行产业升级，海尔提出了"员工创客化""企业平台化""用户个性化"的"三化"战略。其中，平台化战略的最终目的是更加接近终端用户，想要全面推行这一战略，就需要海尔的销售渠道做到扁平化，也就是缩减非必要的中间环节，让海尔直接对接最终消费者。也就是说，砍掉前几级的大型中间经销商，让市场末端小微销售商可以直接根据自己的产品销售状况，制定营销规划，直接与海尔智家对接产品订货。此方法既能够提高海尔的产品生产效率和销货效率，还能够使海尔更敏捷地对市场变动作出反应。通常海尔的销售模式是，经销商必须先支付货款，可以是全款，也可以是预付款，但要达到50%左右，海尔才会根据订单组织生产货物。在过去传统的分销模式中，问题并不明显，因为有多级经销商的存在，位于上层的经销商自然拥有较大的经营规模、充分的自有资金和融资渠道来满足海尔的要求。但平台化战略推行后，去掉了大型中间层，末端的中小微经销商自身生产经营规模和自有资本体量都小于从前同海尔对接的传统中间商，并且还因为双方信息的不对称、无担保贷款抵押品等因素，使得这部分中小微经销商在商业银行等机构中拿到融资资金变得更困难。因此，带着资金压力的中小微经销商可能无法带来充足的订货资金到海尔工厂下订单。这不仅给中小微经销商带来了诸多不便，还大大降低了海尔供应链的运作效率，阻碍海尔实现业绩增长的目标，中小微经销商的融资困境成为海尔推进平台化战略的最大阻碍。在此情境下，海尔供应链金融业务应运而生，其将产业链与金融基于互联网技术整合到一起。与银行合作实施供应链金融业务，让海尔数以万计的经销商借助交易信息和海尔的商业信用缓解了融资困境，同时使海尔自身提高了经营业绩与服务。

度小满与海尔智家的合作方案旨在促进核心企业和下游经销商的融资需求，从而推动供应链各成员企业实现可持续发展，进一步优化供应链金融体系，使其更加高效和稳健。以贸易代采方案为例，该方案的合作主体是海尔智家的一级经销商。通过该方案，下游客户委托贸易公司代为采购，贸易公司获得货权，而经销商则负责还款和发货。具体的合作细则包括：下游经销商支付20%的预付款，度小满贸易公司支付余下的80%。随后，海尔智家将货品发往指定监管仓库，下游经销商支付余款并提货。该方案采用贸易代采模式，风险缓释措施包括下游经销商法人提供担保、经销商支付20%的定金、贸易公司掌控货权等。金融产品要素包括单户额度上限1000万元（最高3000万元），综合定价年化8.5%、融资期数最长180天，还款方式包括到期一次性还本付息和随借随还，同时支持提前还款。

资料来源：2023年12月19日海尔集团青岛区域政企事务部生态峰会。

2021年3月，全国"两会"政府工作报告中首次提及"创新供应链金融服务模式"，这不仅意味着供应链金融被正式认定为国家战略，更意味着供应链金融将在解决创新推动实体经济发展、扩大有效投资等领域发挥更大的作用。

近年来，随着国家及各级政府不断地推动，我国供应链金融得到了蓬勃发展。根据中国人民银行的数据，2022年商业汇票承兑发生额27.4万亿元，贴现发生额19.5万亿元。截至2022年年末，商业汇票承兑余额19.1万亿元，同比增长15.2%；贴现余额13.0万亿元，同比增长29.1%。签发票据的中小微企业21.3万家，占全部签票企业的94.5%，中小微企业签票发生额17.8万亿元，占全部签票发生额的64.9%。贴现的中小微企业32.7万家，占全部贴现企业的97.1%，贴现发生额14.2万亿元，占全部贴现发生额的72.9%。与此同时，2022年12月，全社会融资规模存量达到了7.34万亿元，增速为16.3%。在市场快速发展的同时，各行各业、各种不同类型的企业，纷纷加入供应链金融的市场和供应链金融赛道中来。赛道中既有产业企业，也有金融机构、科技公司等，供应链金融呈现蓬勃发展势头。经过多年的尝试和发展，供应链金融实践出现创新和突破。这不仅表现为量的变化，也表现为质的变化，以及制度环境的变化。

首先，随着国家对供应链金融关注度逐步加强，普惠金融的力度增大，金融机构对企业贷款的支持力度逐年上升，特别是普惠型小微企业贷款发展迅猛。2019年为43万亿元，2020年为56万亿元，2021年为72万亿元，2022年为88万亿元。与此同时，中小微企业融资的成本逐步降低。我国新发放的普惠型小微企业贷款利率方面，2018年全年为7.34%；2019年全年为6.70%，较2018年下降0.64%；2020全年为5.88%，较2019年下降0.82%；2021年全年为5.69%，较2020年下降0.19%；2022年上半年全国新发放普惠型小微企业贷款利率为5.35%，较2021年全年下降0.35%。除融资量和利率外，积极推动和开展供应链金融的主体也日益多元化，根据行使职能不同，供应链金融的主要参与者可分为八大类：核心企业、链属企业（中小企业）、金融机构、物流服务商、供应链管理服务公司、科技公司、基础设施服务商、政府职能部门及行业组织，从目前发展态势看，这些机构均积极发挥着相应的作用。

其次，近年来在协同推动、数字信用和多元目标方面出现了一些创新和突破。协同推动指的是不同的机构和组织之间、企业与金融机构之间，甚至与地方政府等管理部门开始紧密合作，协同打造供应链金融服务平台，为产业企业提供综合性的供应链金融服务。这一推进方法不同于以往企业层面或金融机构自身推进供应链金融，其协同合作既能够有效整合各方资源和能力，又能够更好地服务于产业集群和众多中小微企业。数字信用指的是应用数字化技术强化供应链运营中参与主体的信用刻画和管理，已经成为目前供应链金融开展的主要工具和手段。因此，围绕供应链金融活动开展一系列从硬件（即数字技术的广泛应用）到软件（即大数据分析、AI应用等）的建设，已经是各行各业打造数字基础设施的主要举措。多元目标指的是有些领域开展供应链金融的主要目标不仅仅是帮助解决企业，特别是中小微企业的运营资金问题，而且是开始关注培育企业的创新能力、产业绿色可持续发展，以及产业供应链安全与韧性。

最后，供应链金融市场逐步得到了更为积极的推动以及有效规范，供应链金融市场有了良好的发展空间和秩序。这主要表现在，2022年1月，国务院国资委印发《关于推动中央企业加快司库体系建设进一步加强资金管理的意见》的通知，要求中央企业进一步加强资金管理，有效提高资金运营效率，强化供应链金融服务管理，严控供应链金融业务范围，严禁提供融资担保，严禁开展融资性贸易业务和虚假贸易业务等，同时加强应收款项清收管理。2022年3月29日，中共中央办公厅、国务院办公厅印发了《关于推进社会信用体系建设高质量发展促进形成新发展格局的意见》，明确提到了多项关于金融信用体系建设、金融服务实体、供应链金融发展等方面的内容。2022年8月11日，上海票据交易所发布《关于票据付款期限调整和信息披露有关事项的提示》，中国人民银行、银保监会拟修订相关办法，缩短票据最长付款期限，商业汇票的付款期限自出票日至到期日止，最长不得超过6个月。2022年9月29日，中国银保监会、中国人民银行联合印发《关于推动动产和权利融资业务健康发展的指导意见》提出，要加大动产和权利融资服务力度，科学合理拓宽押品范畴，充分发挥动产和权利融资对薄弱领域的支持作用，加强动产和权利融资差异化管理。2022年11月18日，中国人民银行、银保监会联合修订发布了《商业汇票承兑、贴现与再贴现管理暂行办法》（以下简称《办法》），以规范商业汇票承兑、贴现与再贴现业务，促进票据市场健康发展。根据《办法》，商业汇票最长期限由1年调整至6个月，并且强调贸易背景的真实性。这些政策措施的出台，无疑对于促进供应链金融健康发展起到了重要的保障作用。

需要注意的是，受经贸摩擦、通缩预期、地缘冲突等多重因素影响，全球经济增速下行趋势明显。同时，不同规模市场主体的发展分化态势显著。数字化、智能化前沿技术已成为全球金融业寻求新突破的重要驱动力，但在具体实践过程中，部分技术由于应用不当或缺乏监管，在一定程度上放大了金融行业风险。中国的产业和企业在资金方面仍然面临许多挑战，迫切需要供应链金融的创新突破。

自改革开放以来，中国经济发展迅速。中小微企业作为"市场补缺者"，填补了许多被忽视的小型市场并创造了巨大收益，其发展进程备受国家关注和重视。而中小微企业最主要的发展瓶颈是融资问题。中小微企业普遍具有资本结构不合理、风险意识淡薄等特点，因此其抗风险和抗突发事件的能力较为薄弱。比如，面对突如其来的新冠疫情，大量中小微企业停工停产，导致其面临资金链断裂、信贷资源收缩等风险。中央与地方政府针对此情况出台了企业贷款延期还本付息、减免税费和经营用房租金等政策，助力中小微企业快速复工复产。但由于国际市场的需求出现"断崖式"下滑，中小微企业将持续面临资金链断裂的风险。实际上，很多科技创新型中小企业并不是因为技术问题和市场拓展问题而失败的，更多时候都是由于资金链断裂而经营失败的。要想解决这样的问题，发展供应链金融服务非常关键，供应链金融可以及时帮助中小型企业解决其融资问题。从商业发展的角度来讲，没有哪一个企业是孤立存在的，其相当于某条供应链上的节点，在真实的商品背景下，因为服务交易出现了资金需求。基于该框架，中小型企业就会比较容易地获取所需要的金融服务。很显然，这是因为供应链金融始终处于整个供应链之上，也具备真实的交易背景，不需要单一地评审某个中小型企业的经营状况与资信情况，而是以核心优势企业为中心，从产业链角度评估中小型企业的资信。在国务院供给侧结构性改革方针的指导下，业界发现基于核心企业的供应链金融能够有效弥补我国中小型企业融资难和融资贵的短板问题，很好地完成金融支持中小型企业发展的作用。在此背景下，供应链金融这种创新型融资模式，越来越受到业界的关注。

1.1 什么是供应链

在探讨现代企业管理与运作时，一个不可忽视的核心概念便是供应链。供应链不仅是企业间资源流动的重要通道，更是确保产品从原材料到最终在用户手中顺畅流转的关键环节。因此，首先需要明确什么是供应链。

1.1.1 供应链的概念

供应链（supply chain，SC）的概念最早是在20世纪80年代提出的，但其真正发展却是在20世纪90年代后期。对于供应链的定义，不同的学者有着不同的看法，目前学术界尚未形成统一的定义。

早期的观点认为，供应链是制造企业中的一个内部过程，指的是从企业外部采购原材料和零部件，通过生产转换和销售等活动，再传递到零售商和用户的过程。传统的供应链概念局限于企业内部的操作层面，注重企业自身的资源利用。

有些学者将供应链的概念与采购、供应管理相关联，用来表示与供应商之间的关系。这种观点得到了研究合作关系、JIT（准时制）关系、精细供应、供应商行为评估和用户满意度等问题的学者的重视。但这种关系也仅限于企业与供应商之间，并且供应链中的各企业独立运作，忽略了与外部供应链成员企业的联系，往往造成企业间的目标冲突。

后来供应链的概念开始关注与其他企业的联系，重视供应链的外部环境，认为它应是一个"通过链中不同企业的制造、组装、分销、零售等过程，将原材料转换成产品，再到最终用户的转换过程"，这是更大范围、更为系统的概念。例如，美国的史蒂文斯（Stevens）认为，通过增值过程和分销渠道控制从供应商的供应商到用户的用户的流就是供应链，它开始于供应的源点，结束于消费的终点。国内有学者认为，供应链是围绕核心企业，通过对信息流、物流、资金流的控制，从采购原材料开始，制成中间产品以及最终产品，最后由销售网络把产品送到消费者手中的，将供应商、制造商、分销商、零售商、最终用户连成一个整体的功能网链结构模式。

综上，供应链是指原料供应商、制造商、分销商、零售商和最终消费者等所有参与生产、流通和消费过程的经济主体，以及主体之间的物料、资金、信息等要素流动和相关经济活动的链条。随着自给自足的经济系统朝着专业化分工的方向演变，生产、分配、交换、消费过程中不同经济主体之间的供求关系逐渐显现，形成了供应链。

1.1.2 供应链的结构模型

供应链的结构模型可以根据参与方的数量和角色分为不同类型，常见的供应链结构模型包括以下几种。

（1）单级供应链。单级供应链是最简单的供应链结构，由一个供应商直接向最终用户提供产品或服务。这种结构适用于某些产品或服务的简单供应链环境，不涉及复杂的中间环节。

（2）双级供应链。双级供应链包括供应商、制造商和最终用户三个环节。供应商向制造商提供原材料或零部件，制造商再将成品提供给最终用户。在这种结构下，供应商和制造商之间需要建立合作关系，以确保供应链的顺畅运作。

（3）多级供应链。多级供应链涉及多个环节和多个参与方，包括供应商、分销商、批发商、零售商和最终用户等。每个环节都有其独特的角色和责任，通过协同合作来满足市场需求。多级供应链通常存在较广泛的供应链网络和复杂的信息流动。

（4）垂直整合供应链。垂直整合供应链是指一个公司整合了供应链中的多个环节，即从原材料采购到产品销售，形成一个完整的供应链。这种结构可以提高企业对供应链的控制和管理效率。

（5）跨界供应链。跨界供应链是指不同行业或不同领域之间形成的供应链网络。例如，某些企业可能同时从事生产、物流、零售等多个领域，通过建立跨界供应链来整合资源和优势，实现协同发展。

除了以上几种基本的供应链结构模型，还存在一些特殊的供应链模型，如全球供应链（涉及多个国家和地区）、反向供应链（关注回收和再利用）等，这些模型根据具体需求和行业特点而定。无论哪种供应链结构模型，都需要各个参与方之间的紧密合作和信息共享，以实现高效的供应链运作和优化的业务成果。

1.1.3 供应链的特征

供应链是由一系列活动和参与方组成的，这些活动和参与方共同协作以实现产品或服务的交付。以下是供应链的一些特征：

（1）复杂性，供应链涉及多个参与方，包括供应商、制造商、批发商、零售商、顾客等，并且这些参与方之间的联系与交互非常复杂。

（2）风险性，由于供应链中涉及多个环节和参与方，因此在任何一个环节出现问题都可能导致整个供应链的中断或延误。

（3）分散性，供应链涉及不同地理位置和文化背景的参与方，管理和协调难度较大。

（4）需求波动性，市场需求的波动可能会对供应链产生影响，如需求增加或减少，供应链中的每个环节都需要作出相应调整。

（5）信息流量大，供应链中的每个参与方都需要及时获得所需信息，以便作出决策和调整。

（6）时间关键性，供应链中的每个环节都需要在规定时间内完成，以确保产品或服务按时交付。

（7）成本管理，供应链中每个参与方都需要管理自己的成本，并努力降低整个供应链的成本。

供应链的特征是多样化和复杂的，反映了供应链的特性和运作方式。

1.2 供应链管理的基本概念

随着经济全球化和社会生产分工的进一步细化，企业所面临的经营环境已不再是单一的、确定的市场环境，而是快速变化的、全球性的竞争环境，任何企业都难以仅凭自身的能力来谋求竞争优势。产品的日益丰富和更新换代的加快，使得产品制造不得不放弃"先生产、后销售"的"推式"生产，而是采用订单式的"拉式"生产。生产周期的日益缩短和产品市场需求的快速变化，要求企业对市场变化有快速的响应能力，即要有良好的设计能力、生产能力、物流能力、金融能力和营销能力。而这一切全靠企业自身不仅效率不高，而且行不通。为此，企业必须开展横向和纵向的联合与协作，尤其是与上下游企业的纵向合作，由此催生了供应链与供应链管理（supply chain management，SCM）的思想。

供应链管理是指对产品或服务的生产和交付过程中所涉及的所有活动进行协调、规划和控制，以最大化整体价值创造和满足顾客需求的管理方法。供应链管理包括从原材料获取到最终产品交付给顾客的整个过程，涵盖了供应商选择、采购、生产、仓储、物流、销售等多个环节。

在供应链管理中，企业需要密切关注以下几个方面。

首先是采购与供应商管理须选择合适的供应商，建立稳定的合作关系，确保原材料和零部件及时交付和质量可控，同时制定合理的生产计划，优化生产流程，提高生产效率，降低成本。其次是进行库存管理，合理控制库存水平，避免积压和缺货现象，降低库存成本，同时满足市场需求。结合物流与配送优化理念，提高运输效率，降低物流成本，确保产品按时送达客户手中。最后是进行销售与客户服务，根据市场需求制定销售计划，提供优质的客户服务，保持良好的客户关系。

供应链管理的目标是通过优化各个环节的协调与流程，降低整体成本，提高交付速度，增强市场响应能力，以及提升顾客满意度。成功的供应链管理可以帮助企业获得竞争优势，提高效率，降低风险，并实现可持续发展。

1.2.1 供应链管理的产生和发展

20世纪90年代以前，企业出于管理和控制的目的，对与产品制造有关的活动和资源主要采取自行投资和兼并的"纵向一体化"模式。企业和为其提供材料或服务的单位是一种所有权关系。"大而全""小而全"的思维方式使许多制造企业拥有从材料生产，到成品制造、运输和销售的所有设备以及组织机构，甚至很多大型企业还拥有医院、学校等单位。但是，面对科技迅速发展、全球竞争日益激烈、客户需求不断变化的趋势，纵向发展不仅会增加企业的投资负担，迫使企业从事并不擅长的业务活动，而且会使企业面临更大的行业风险。20世纪90年代以后，越来越多的企业认识到了"纵向一体化"的弊端。为了节约投资、提高资源的利用率，它们转而将企业主营业务以外的业务外包，自身则采取集中发展主营业务的"横向一体化"的战略。原有企业和为其提供材料或服务的企业就形成了一种平等的合作关系，如图1-1所示。这对同一产业链上企业之间的合作水平、信息沟通、物流速度、售后服务以及技术支持提出了更高的要求，供应链管理就是适应这一形势产生和发展起来的。

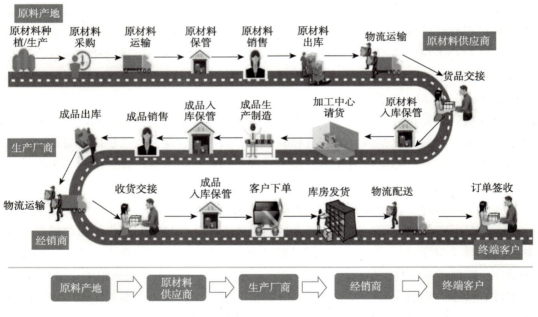

图1-1 "横向一体化"模式

供应链管理的发展历程基本上可分为四个阶段。

1. 供应链管理的萌芽阶段

供应链管理的第一阶段是20世纪60—70年代。在这一阶段，供应链管理还处于萌芽状态，更确切地说，只能称为业务链。链上的每个成员的管理理念基本上是"为了生产而管理"。企业之间的竞争体现在产品数量和质量上，企业间的业务协作以"本位主义"为核心。即使在企业内部,其组织结构也以各自为政的职能化或区域性的条条框框为特征。

此时,供应链上各成员之间的合作关系极为松散。这种"为生产而管理"的导向使供应链成员之间时常存在利益冲突,阻碍了供应链运作和管理的形成。当时,虽然业务链上的部分企业已采用了 MRP/MRP-II 来管理自己的业务,但这些管理也只是企业内部各职能部门在相互隔离的环境下制订和执行计划。数据的完整性差,甚至企业内部信息都缺乏统一性和集成性,更谈不上在业务链上形成标准化和数据流。这种业务链在某种意义上无法真正形成。

20 世纪 60 年代,美国供应链设计之父杰伊·福雷斯特(Jay Forrester)提出了企业之间相互关联的观点,并指出企业的成功在很大程度上依赖企业之间以及企业与市场的关联。早在 20 世纪 50 年代,福雷斯特就指出,管理学的主要突破在于理解企业的成功如何依靠企业之间的信息、物料、货币、人力、资本和设备的流动和相互作用。这五个流(信息流、物流、货币流、人力流、资本和设备流)之间的锁定关系相互放大(各自的作用)带来的变革和波动,将构成把握决策、政策、组织形态和投资决策的基础。福雷斯特引入了一个新的分销管理理论,认可了组织之间相互整合的本质。他认为,系统的变化将影响研发、工艺、销售额和促销等功能的绩效。他还使用了计算机模拟的订单信息流模型解释了上述变化在供应链成员之间流动的过程和对各个成员的生产和分销绩效的影响。

美国密歇根州立大学教授唐纳德·J. 鲍尔索克斯(Donald J. Bowersox)等将供应链管理定义为"将组织之间商业运作连接到一起、获得共享市场机会的基于协作上的战略"。

2. 供应链管理的初级阶段

第二阶段大致是从 20 世纪 80 年代初到 20 世纪 90 年代初。在这一阶段,供应链管理处于初级阶段。在理论研究界的不断探索下,供应链管理的理念已形成了基本的雏形,并开始指导企业进行初步的实践,同时在学术研究上得到了较快的发展。

实际上,供应链管理(SCM)这一名词最早出现于 20 世纪 80 年代,最初是由咨询业提出的,后来逐渐引起了人们的广泛关注。在此阶段,企业的竞争重点已转向了追求生产效率。企业的组织结构和内部职能划分也发生了转变,大多数企业开始进行企业组织机构的精简和改革,并从分散式的部门化和职能化管理转变为集中计划式管理,同时更加关注业务流程的优化。企业逐渐认识到最大的机会存在于企业外部,例如,应该为市场生产什么产品?从哪里获得原料?在哪里进行加工生产?通过什么渠道销售等。

信息技术的发展和广泛应用为供应链管理的初步形成奠定了基础。在此期间，部分企业将信息技术和计算机应用引入了企业管理，拥有了更好的管理工具，特别是在20世纪80年代末，MRP-II的推广、ERP和Just In Time模式和系统的引入和应用，逐渐实现了企业内部的信息集成，为供应链上下游之间的业务提供了所需的处理信息。

3. 供应链管理的形成阶段

第三阶段大致从20世纪90年代初到20世纪末。这一阶段是供应链管理的形成阶段，特别是从20世纪90年代中期开始，供应链管理无论是在理论上还是在实践应用上都有了突飞猛进的发展。

在20世纪90年代初，学术界试图构建出一个供应链管理（SCM）的框架，花费了大量精力去研究其基本原理，并推断供应链管理对整个社会必然是一个巨大挑战。进入20世纪90年代后，工业化的普及使得制造生产率提高到了相当高的水平，全面质量管理（TQM）的实施和贯彻也使得产品质量有了大幅度提高。生产率和产品质量不再成为竞争中的绝对优势，制造加工过程本身的技术手段对提高整个产品竞争力的潜力开始变小。

1997年，美国著名的SCM领域咨询专家威廉·科帕奇诺（Willian C. Copacino）认为，供应链管理涵盖"从原材料转化为产品，再到交付给客户手上的所有参与者和所有活动以正确的时间在正确的地点以正确的方式连接到一起"。

同年，玛莎·库珀（Martha Cooper）、道格拉斯·M. 兰伯特（Douglas M. Lambert）和贾纳斯·帕格（Janus D. Pagh）提出，供应链管理是从最终用户到原始供应商提供产品、服务和信息，同时为客户增加价值的商业流程的管理集成。它包括了物流定义中没有涵盖的因素，比如当绩效考核与供应链信息系统的整合、计划和控制活动的协调等。

1998年，马丁·斯坦（Martin Stein）和弗兰克·沃尔（Frank Voehl）提出供应链管理是"对供应价值链提供整合管理来满足客户需求和期望、提供从原料供应商到制造商到最终用户的系统的努力"。

4. 供应链管理的成熟和全面发展阶段

2000年以后，在供应链竞争为主的经济环境中，为了寻找新的竞争优势，企业必须以"订单需求"为中心，将客户化生产和供应链管理一体化，通过客户化供应链管理（customized supply chain management，CSCM）来提升供应链的市场应变力和整体竞争力。随着物联网、大数据、人工智能等新技术的广泛应用，供应链管理进入了创新阶段。全球供应链数字化转型加速推进，企业通过数据驱动的智能决策优化供应链效率和灵活性。可持续发展和环保意识逐渐融入供应链管理，企业开始关注社会责任和绿色供应链建设。在这个阶段，许多企业开始把它们的努力进一步集中在供应链成员之间的协同，特别是与下游成员业务间的协同上，同时供应商关系管理（supplier relationship management，SRM）、产品生命周期管理（product life-cycle management，PLM）、供应链计划（supply chain planning，SCP）和供应链执行（supply chain executing，SCE）等系统的应用使得供应链成员间的业务衔接更加紧密，整个供应链的运作更加协同化。企业正是通过与供应商和客户间的这种协同运作，来更准确地把握要从供应商那里得到什么，以及要给客户提供什么。

2001年，美国田纳西大学营销与物流系教授约翰·托马斯·门泽尔（John Thomas Mentzer）等对供应链管理的概念与内涵进行了系统的阐述。门泽尔在回顾各种文献中关于供应链管理涉及多个企业、多项商业活动和供应链上企业跨企业和跨职能协同的基础上，将供应链管理定义为：对供应链内传统的企业功能和这些功能所涉及的特定企业内部和企业之间的策略进行系统的战略协调，以达到提高特定企业和供应链整体长期绩效的目的。

门泽尔将供应链描绘成一个管道，主要的供应链流，如生产、服务、信息、产品、需求和预测等在管道内流动。传统的业务功能，包括营销、销售、研发、预测、生产、采购、物流、信息系统、财务、客户服务等，管理和完成从供应商到客户的流动，最终为客户提供价值、满足客户需求。客户价值和满意度是特定企业和整个供应链获得竞争优势和盈利能力的关键。

另外，门泽尔进一步解释了跨功能协调的内容，包括信任、承诺、风险、依赖、行为等，以及对企业内部功能共享和协调的生存能力。企业之间的协调涉及业务功能在供应链内部的流动、第三方服务供应商的角色、如何管理企业之间的关系，以及不同供应链结构的有效性，最后分析这些现象在不同全球化框架中的差异。

在我国，目前供应链管理尚处于起步阶段。虽然少数大型企业，如联想集团、华为、海尔等已经实施了供应链管理，但要真正带动整个产业，实现整条供应链的协同运作，还需要经过一个渐进和不断改进的过程。可喜的是，我国企业在信息化管理普及方面，如ERP、CRM、网络通信、电子商务等已打下了良好的基础，经营理念也逐渐向规范化、国际化和现代化转变，这些都为我国企业和产业的供应链管理奠定了良好的基础。相信在不远的将来，供应链管理将在我国生根发芽、开花结果，为企业和产业的腾飞作出应有的贡献。

中国国务院给供应链的定义是：供应链是以客户需求为导向，以提高质量和效率为目标，以整合资源为手段，实现产品设计、采购、生产、销售、服务等全过程高效协同的组织形态。

美国供应链管理专业协会给出了新的供应链管理的定义。CSCMP对供应链管理的定义是：供应链管理包括采购、外包、转化等过程的全部计划和管理活动及全部物流管理活动。更重要的是，它还包括与渠道伙伴之间的协调和协作，涉及供应商、中间商、第三方服务供应商和客户。本质上，供应链管理是企业内部和企业之间的供给和需求管理的集成。

美国供应链管理协会第 15 版对供应链的定义是：供应链管理是供应链活动的设计、计划执行、控制和监控，目的是重新创造净价值，建立具有竞争力的基础设施，利用全球物流，同步供需，并在全球范围内衡量绩效。

1.2.2 供应链管理的重要性

供应链管理在现代企业运营中非常重要。它涉及产品或服务从原材料采购到最终交付给客户的全过程，包括供应商选择、物流管理、生产计划、库存控制等方面。以下是供应链管理的重要性。

（1）成本控制：有效的供应链管理可以帮助企业控制成本，通过优化物流、减少库存和提高生产效率来实现成本节约。

（2）提高效率：优化供应链可以使生产和交付过程更加高效，缩短生产周期，提高交付速度，并且能够更好地满足客户需求。

（3）增强灵活性：良好的供应链管理能够使企业更具灵活性，快速响应市场变化，适应客户需求的变化。

（4）提高质量：通过供应链管理，企业可以更好地控制产品和服务的质量，确保符合标准并满足客户期望。

（5）降低风险：有效的供应链管理可以帮助企业降低风险，包括原材料短缺、交付延迟、质量问题等。

（6）提升竞争力：通过优化供应链，企业可以增强竞争力，创造更大的市场份额和利润空间。

总之，供应链管理对于企业的成功和可持续发展非常关键。它可以帮助企业降低成本、提高效率、增强灵活性、降低风险并提升竞争力，因此在各行各业都扮演着重要的角色。

1.2.3 供应链管理的挑战与问题

1. 供应链中的风险因素

供应链中可能存在多种类型的风险，这些风险可能会对供应链的正常运作和业务目标产生负面影响。

以下是一些常见的供应链风险。

（1）需求风险：客户需求的不确定性。市场需求的波动可能导致库存积压或缺货，从而影响供应链的运作和客户满意度。

（2）供应风险：来自供应商端的风险，包括原材料供应不足、质量问题、交付延迟等，可能影响产品制造或服务提供的正常进行。

（3）物流风险：涉及货物运输和仓储环节的风险，包括交通拥堵、天气影响、运输延误、货物丢失或损坏等，可能导致供应链中断和额外成本。

（4）市场风险：市场变化、价格波动、竞争加剧等因素可能对供应链的稳定性和盈利能力造成影响。

（5）质量风险：产品或服务质量问题可能导致退货、索赔和声誉损失，影响客户满意度和品牌形象。

（6）政治和法律风险：包括政治不稳定、贸易政策变化、法律法规变化等，可能对跨国供应链产生影响。

（7）金融风险：包括汇率波动、资金短缺、支付延迟等，可能影响供应链资金流动和成本控制。

（8）环境和可持续性风险：社会对环保和可持续发展的要求不断提高，供应链可能受到相关法律法规、公众舆论和资源约束的影响。

有效的供应链管理需要识别、评估并应对这些风险，采取相应措施来降低风险发生的可能性，或者减轻风险发生时的影响，以保障供应链的稳定运作和业务目标的实现。

2. 供应链的延迟和中断影响

供应链的延迟和中断会对企业产生多方面影响。首先，延迟和中断可能导致生产计划受阻，生产线无法按时运行，从而影响产品的生产和交付时间表。这可能导致库存积压和资金周转不畅，增加企业运营成本。其次，延迟和中断还会影响订单交付时间，客户可能无法按时收到产品或服务，降低客户满意度，影响企业声誉和市场竞争力。

另外，供应链延迟和中断还会对企业的整体供应链稳定性造成影响。一旦出现中断，可能需要花费大量时间和精力来查找问题根源并解决，这将消耗企业的资源。延迟和中断还可能导致供应商关系恶化，影响未来的合作和谈判。此外，供应链长期的延迟和中断也可能使企业失去市场机会，错失商机，影响企业的长期发展。同时，不可预测的供应链延迟和中断可能导致订单交付延迟、产品质量问题等，损害企业品牌声誉。

因此，企业需要认识到供应链延迟和中断的严重性，采取有效的措施来预防和减轻延迟和中断带来的负面影响。这包括建立灵活的供应链系统、制定风险管理计划、加强与供应商之间的沟通与合作、建立备货计划、提高供应链透明度等措施，以确保供应链的稳定性和可靠性。

3. 供应链透明度和可追溯性问题

供应链透明度和可追溯性是当今供应链管理中非常重要的议题，对企业和消费者都具有重要意义。

以下是供应链透明度和可追溯性问题的一些关键点。

（1）供应链透明度：供应链透明度指的是企业能够清晰地了解整个供应链运作过程，包括原材料采购、生产加工、物流运输等环节。透明的供应链可以帮助企业更好地管理风险、提高效率，同时也有助于建立信任和合作关系。

（2）信息共享与数字化：信息技术的发展使得实现供应链透明度变得更加容易。企业可以通过数字化系统实时监控和共享供应链信息。利用物联网、大数据分析等技术，可以实现供应链各环节数据的实时追踪和监控，提高透明度。

（3）可追溯性：供应链可追溯性是指能够追溯产品来源、生产过程、流向等信息，以确保产品质量、安全和合规性。消费者对产品的可追溯性越来越重视，因为他们希望了解产品的生产条件和原材料来源。

（4）风险管理：通过提高供应链透明度和可追溯性，企业可以更好地管理风险，及时发现和应对潜在问题。在面临突发事件或风险时，透明的供应链可以帮助企业快速作出反应并减少损失。

（5）合规性与责任：透明的供应链管理有助于企业确保符合法律法规和行业标准，增强社会责任感，避免因供应链问题而受到法律诉讼或声誉损害。

综上所述，提高供应链透明度和可追溯性对于企业来说至关重要，不仅有助于管理风险、提高效率，还能增强消费者信任，提升品牌价值。因此，企业应积极采取措施，借助技术和合作伙伴，不断完善和优化供应链管理，实现更高水平的透明度和可追溯性。

1.3　供应链金融中的"三流"

供应链金融是指通过金融手段提供资金服务和解决支付难题的一种金融模式。在供应链金融中，"三流"是指商品流、信息流和资金流。这三个"流"的协调畅通非常重要。

首先是商品流。商品流是指实际的产品或商品在供应链中的流动，包括生产、采购、库存管理等环节。在商品流中，各参与方之间需要进行产品的交易、配送和库存管理。在传统的供应链中，由于信息传递不及时，很容易出现库存积压、财务风险等问题。而供应链金融可以通过对供应链各环节的数据进行分析和处理，实现信息共享和协同优化。这样可以实现供应链各方之间的协作，提高供应链的运转效率和准确性。

其次是信息流。信息流是指各个参与方之间的信息传递和共享，包括订单信息、库存信息、物流信息等。信息流的畅通对于供应链金融极为重要。信息共享可以提高供应链各方的决策水平和效率，减少中间环节，降低运营成本。信息流的协调也可以避免因缺乏信息而导致的生产计划、库存、物流等问题。

最后是资金流。资金流是指在供应链中涉及的资金支付和融通，包括供应商的付款、采购商的收款、银行的融资等。在传统的供应链中，由于各参与方之间信任度低，资金流无法畅通，不能实现资金的快速流转和优化利用。而供应链金融通过建立数字化的资金流管理平台，可以提升供应链各方之间的信任度，从而实现资金流的畅通。

总的来说，在供应链中，商品流、信息流和资金流三个"流"的协调和畅通非常重要。通过优化这三个"流"的协同，可以实现供应链的高效运作和可持续发展。同时，也需要注意保护各参与方的信息安全，以及建立相应的信任机制，确保供应链金融的稳定性和可靠性。

1.4 供应链金融的内涵

随着全球经济日益一体化和产业链的深化发展，供应链金融作为一种新兴的金融服务模式，已经引起了业界的广泛关注。它不仅优化了供应链的运营效率，更为企业提供了更加灵活和便捷的融资方式。

1.4.1 供应链金融的发展历史

20世纪80年代，随着各国工业规模的扩张与经济全球化的推进，生产各个环节中合作较为稳定的企业逐步加强彼此间的合作，并形成了早期的供应链生产模式。与欧美国家相比，我国供应链金融起步相对较晚。我国最早的供应链金融业务是由原深圳发展银行于1998年在广东省首创的货押业务。2002年，原深圳发展银行（现平安银行）成为我国金融行业首家系统性提出供应链金融并推出贸易融资产品组合的商业银行。原深圳发展银行于2005年首次提出建设成为专业化的供应链金融服务商，以核心企业为依托，以供应链上下游企业为服务对象，以企业间真实交易为基础分配金融资源。这一模式打破了以往商业银行只针对单一企业的经营状况进行评估授信的融资方式，转而将供应链上的各个企业结合在一起作为整体看待。供应链上的所有企业都可以分享资源，中小企业也可以参与进来。

此后，我国许多国有大型商业银行、股份制商业银行、城市商业银行等逐步开展供应链金融业务，将原有的单一企业授信融资转为针对供应链核心企业，为其上下游企业进行增信融资。

1.4.2 供应链金融的定义

供应链金融是一种综合性的金融服务模式，通过运用金融工具和技术手段，为供应链中的各个参与方提供资金流动、融资、结算和风险管理等支持，以促进供应链的高效运作和合作关系的稳定发展。

传统上，供应链中的企业在采购原材料、生产加工、物流配送等过程中需要大量的资金支持。然而，供应链中的参与方往往面临着不同的融资难题，如中小企业难以获得贷款、供应商需要长期等待账款结算等，导致资金流动受限，影响了整个供应链的效率和稳定性。

供应链金融的目标是通过创新的金融解决方案，解决供应链中的资金瓶颈问题。它主要包括以下几个方面：

（1）融资支持。供应链金融提供多种融资方式，如应收账款融资、存货融资、订单融资等，为供应链中的企业提供灵活的资金支持，帮助它们解决短期资金需求。

（2）结算优化。供应链金融可以通过提供结算服务，简化和加速供应链中的支付和结算流程，缩短资金周转周期，降低运营成本。

（3）风险管理。供应链金融可以提供风险管理工具，如保险、担保等，帮助企业降低交易风险，并增强供应链的稳定性。

（4）信息共享和透明度。供应链金融利用信息技术手段，实现供应链各环节的信息共享和透明度，提高供应链中各参与方的信用评估和风险控制能力，进而提高整个供应链的效率和可靠性。

总之，供应链金融通过金融工具和服务的创新应用，为供应链各参与方提供更加便捷和灵活的融资和结算手段，同时降低了供应链的运营风险，促进了供应链上下游的合作与发展。

1.4.3 供应链金融的模式

供应链金融是一种金融服务模式，旨在通过为供应链各个环节的参与者提供资金支持和金融服务，从而优化整个供应链的运作效率。该模式涉及多个参与方，包括供应商、制造商、分销商、零售商和金融机构等。以下是供应链金融的一般模式介绍：

1. 预付款融资

供应商通常需要提前购买原材料或生产商品，但可能面临现金流紧张。制造商或零售商可以通过向供应商提供预付款来帮助其解决资金问题，从而确保供应链的顺畅运转。

2. 应收款融资

分销商或零售商通常需要支付给供应商，但可能需要一定时间才能从最终客户那里收到货款。在此期间，它们可以通过将应收账款转让给金融机构或利用应收款作为抵押来获得资金支持，以便及时支付供应商并维持正常经营。

3. 库存融资

制造商或分销商可能需要大量库存来满足市场需求，但库存的成本可能会对资金造成压力。金融机构可以通过提供库存融资来帮助它们管理库存成本，减轻资金压力。

4. 资金结算服务

供应链中的各个参与方之间的结算往往需要花费大量时间和精力，金融机构可以提供资金结算服务，简化结算流程，减少时间和成本。

5. 信息服务和风险管理

金融机构可以利用大数据和先进的风险管理技术，为供应链参与者提供信息服务和风险管理支持，帮助它们更好地了解市场情况、降低交易风险并优化供应链运作。

供应链金融的模式旨在通过各种金融工具和服务，帮助供应链中的各个参与方优化资金流动、降低运营风险，从而提高整个供应链的效率和竞争力。

1.4.4 供应链金融的发展前景

供应链金融是一种新兴的金融服务模式，在过去几年中得到了广泛的关注和探讨。未来，随着数字化、智能化和全球化的加速推进，供应链金融有望迎来新的发展机遇。

首先，随着供应链数字化和智能化的不断深入，供应链中的各个环节将产生更多的数据和信息。这为供应链金融提供了更为丰富和准确的数据来源，从而使其风险管理和信用评估更加科学和精准。近年来，全球供应链的不确定性和风险加大，企业需要更为灵活和可靠的融资和结算方式来应对不稳定的市场环境。供应链金融正是通过创新的金融服务模式，为企业提供了更加便捷和灵活的融资和结算手段。

其次，我国致力于发展高水平对外开放，随着高水平对外开放的推进，中国与全球其他国家的贸易往来将会更加频繁和紧密。这将为供应链金融带来更广阔的市场空间和发展机遇。

最后，金融监管环境的不断完善和规范，使供应链金融将得到更加健康和可持续的发展。金融监管部门将加强对供应链金融市场的监管和风险防范，同时鼓励创新和探索，为供应链金融的健康发展提供更加稳定和有力的支持。

总之，数字化、智能化和全球化的加速推进，促使供应链金融迎来新的发展机遇。在不断探索和创新的过程中，它将在优化供应链运作、降低融资成本、缓解供应链中的资金压力等方面发挥越来越重要的作用，成为未来金融服务的重要组成部分。

课后习题

一、名词解释

供应链

单级供应链

垂直整合供应链

供应链管理

供应链金融

应收款融资

二、思考题

1. 什么是供应链？常见的供应链结构模型有哪些？
2. 什么是供应链管理？请列举几种常见的供应链风险。
3. 什么是供应链金融？它有哪些业务模式？

第 2 章

供应链金融相关理论

学习目标：

1. 掌握供应链金融的相关基础理论，如信息不对称理论、委托代理理论、风险管理理论和牛鞭效应等，并了解这些理论在供应链金融中的应用。
2. 了解供应链协调理论的基本概念、内容和主要协调方法。
3. 了解结构融资理论、复杂网络理论和区块链理论的基本内容及特征。

导入案例：

数字供应链金融——网商银行大雁系统

网商银行于 2015 年 6 月 25 日正式开业，是由蚂蚁集团发起，中国银行保险监督管理委员会批准成立的中国首批民营银行之一，也是第一家将核心系统架构在金融云上、没有线下网点、通过互联网为用户提供服务的科技银行，是第一家将卫星遥感技术运用于农村金融、第一家将云计算运用于供应链金融的银行。以普惠金融为使命的网商银行，立足于服务小微企业，尝试利用互联网技术、数据和渠道创新，探索出一种新的运营方式以满足小微企业、个体户、经营性农户等小微群体的金融需求，品牌理念是"无微不至"。网商银行在行业内首创无接触"310"信贷模式（即"3分钟申贷、1秒钟放款、全程0人工干预"），发挥了互联网和数据技术优势，专注为更多小微企业和个人经营者提供纯线上的金融服务。

1. 公司发展史

1）初创期：2015—2018 年

2016 年，网商银行围绕阿里巴巴电商平台，向供应链客户推出了"网商贷"，解决了以电商为主的中小企业信贷需求难以满足的问题。同时结合多种信贷场景，面向不同客户推出各具特色的线上供应链金融产品,促进了线上供应链金融多样化业务的发展。2017年,网商银行通过阿里电商平台的庞大数据库、智能监控系统等多个维度,不断完善风控模型,提升风控管理的有效性。同时,依托自主创新的头寸分级预警和监控大盘系统,实现了线上供应链金融业务的实时监控,有效降低了信用风险。

2)突破成长期:2018—2021年

2018年,网商银行开始探索线上供应链金融创新,由阿里体系生态供应链金融向数字开放供应链金融发展。其发布的"凡星计划",向行业开放包括数据处理、客户信息收集在内的所有能力和技术,在更大范围内解决中小企业的贷款难题。在持续探索产业链金融创新模式中,网商银行响应国家号召,以服务中小企业为主体为导向,发展"小店经济",提出了一年内让小店贷款可得率再提升20%的计划。截至2019年年末,网商银行和497个县域达成了战略合作。2020年,网商银行制定了5年目标,着手布局数字化供应链金融,依靠数字科技对线上供应链金融进行创新升级,以实现服务1000万家供应链中小企业客户的目标。在线上供应链金融升级中,网商银行将自身资源与阿里经济体系资源打通,以创新的无接触线上信贷模式满足疫情期间中小企业的信贷需求,优化了服务与操作效率。

3)走向成熟期:2021年至今

2021年10月,网商银行发布基于数字技术的供应链金融方案——"大雁系统",海尔、华为、蒙牛、旺旺等超过500家品牌成为首批接入的品牌。网商银行根据供应链中的交易场景逐渐形成了合同贷、采购贷、加盟商贷、发薪贷、网商贴、票据付、云资金和回款宝等一套综合数字金融解决方案,满足了不同行业、不同阶段的上下游供应链末端小微企业的金融需求。

相较于过去的供应链金融服务,大雁系统基于数字风控优势和服务小微基因,将"310"服务理念首次引入到供应链金融领域,以纯信用的方式服务核心品牌供应链和下沉市场末端经营者,改善供应链金融服务体验。

2. 网商银行供应链金融模式

1)平台商家信用贷款供应链融资模式(见图2-1)

网商银行通过淘宝、天猫两大电商交易平台可以获得企业各维度的海量真实交易数据。平台上的商家企业可以通过其自身所积累的良好信誉作为贷款的基础信用以申请信用贷款。网商银行通过电商平台对商家进行授信,有效降低了信息处理成本,简

图2-1 网商银行平台商家信用贷款供应链融资模式

化了处理流程。此举不仅增强了商家对平台的依赖,而且商家的成长也会回馈平台营收,推动网商银行供应链金融生态的持续发展。

2)应收账款供应链融资模式

网商银行供应链金融产品中的"采购贷"与"回款宝"均为应收账款供应链融资模式。以"采购贷"为例,为缓解经销商向品牌商采购订货时的资金周转压力,网商银行推出了"采购贷"供应链金融产品。中小企业通过网商银行的"采购预付融资系统"在线完成采购计划。在融资企业下单后的 15 天内,网商银行携手菜鸟物流将采购商品迅速送至仓库。这一流程使得企业的预付融资额度实时转化为存货质押额度。随后,通过销售存货获得利润,融资企业可顺利偿还本金与利息。整个供应链融资过程中,企业无须在还款后提货,实现了从采购预付到应收回款的线上无缝对接,极大提升了融资效率与便捷性。

3)订单贷款供应链融资模式(见图 2-2)

网商银行的供应链金融业务客户资源主要来源于阿里巴巴和蚂蚁金服,大多集中于淘宝、天猫的卖家群体。鉴于订单贷款供应链融资模式中,消费者支付的款项须确认收货后才由平台转划给商家,发货与收款间存在的时间差在消费高峰期常导致资金周转不畅。为此,网商银行专门为此类客户设计了供应链金融产品,信用良好的商家可凭借平台订单申请贷款,享受提前收款权益,从而加速资金周转,提升资金使用效率,有效满足中小企业的信贷需求。

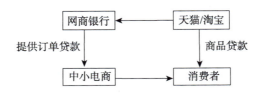

图 2-2 网商银行订单贷款供应链融资模式

3. 取得成效

供应商数字金融服务解决方案帮助供应商实现在线灵活回笼资金。供应商数字金融服务解决方案以供应商的资金需求为核心,应用于核心企业或政府采购的上游场景,为招采供应商提供全采购周期的一揽子金融服务方案。目前,大雁系统支持央企、国企和政府上游采购供应链场景,未来随着经验的不断积累,将陆续开放到优质民营企业、上市公司场景中。目前供应商数字金融服务包括供货贷、中标贷、合同贷和投标保函四种产品。

云资金打通供应链,赋能品牌商降本增效。云资金基于品牌供应链场景,为品牌客户提供一整套在线化、低费率、易对账,用于交易分账、采购支付、资金划拨及资金管理服务，助力实现品牌企业资金管理的合规性和全面性，全链条降本增效。相较于大雁系统中的其他产品，云资金服务的链条更长，从品牌核心企业到小微商家，纵向上跨越更多的供应链节点。目前云资金的服务客户主要包含三类：①品牌分销渠道；②连锁加盟企业；③批发市场综合零售企业。在这些客户的辐射范围内或者产业链中，存在大量的小微企业。网商银行希望通过与这些品牌核心企业合作，在帮助这些核心企业数字化升级的过程中，让小微企业也能够享受数字化升级带来的在线便利性，或者能减少小微企业的复杂操作。大雁系统目前已接入500多家品牌合作，从快消行业开始，逐渐覆盖到18个行业；上下游供应链客户的贷款可得率大幅提升，达到了80%，无须核心企业的担保；使用过贷款服务的经销商，它的采购额平均增长了20%，改善了品牌供应链"毛细血管"的金融供血状况，真正实现金融助力商业发展。2021年网商银行年报显示：约70%的小微用户平均贷款时长在三个月以内，超过70%的单笔贷款利息支出不高于100元，普惠小微贷款整体利率连续4年下降。

2.1　信息不对称理论

信息不对称理论是经济学家约瑟夫·斯蒂格利茨等人根据现实市场环境提出的，为后续研究提供了全新的视角。传统经济理论假设交易双方信息基本相同，然而在实际情况下，信息无法完全共享，交易双方在掌握的信息有差异的情况下作出决策。信息不对称主要体现在信息来源、获取时间、信息量和信息质量等方面。信息不对称会导致交易行为的偏差和效率降低。

中小企业由于规模大部分较小、经营周期较短，在管理和财务方面存在一定缺陷，难以通过传统金融机构的审查和尽职调查来获得资金支持。银行根据其内部控制制度对贷款审批有严格要求，只有满足条件的企业才能获得授信或担保。这导致银行难以充分了解中小企业的经营风险信息，同时中小企业也无法了解银行的信贷审批过程，从而影响了金融机构与中小企业之间的正常贷款关系。

通过供应链金融的方式，中小企业与金融机构之间的信息不对称问题可以被有效改善。供应链金融通过整合信息流、物流和资金流，实现了信息的共享与整合，从而提供了以下几个方面的优势。首先，金融机构可以通过供应链金融平台获取中小企业的交易信息和经营数据，从而更准确地评估中小企业的信用风险。其次，供应链金融平台能够实时监控中小企业的经营状况和还款能力。一旦中小企业遇到困难，金融机构可以及时采取措施降低信用风险。此外，供应链金融平台通常涉及第三方物流企业的参与，它们负责中小企业的物流运输、仓储和监管，金融机构和核心企业可以通过物流企业获取中小企业的实时物流情况,从而了解经营状况和信用风险。另外,供应链金融平台还具备数据分析和风险评估功能,金融机构可以通过这些功能对中小企业进行全面评估。

2.2 委托代理理论

委托代理理论的提出源于信息不对称和利益冲突的背景,由美国经济学家罗斯提出。他认为,在委托代理关系中,委托人和代理人通常存在利益追求不一致的情况,即委托人追求利益最大化,而代理人则关注自身经济收益。委托代理理论的核心内容是在委托人和代理人存在利益冲突和信息不对称的情况下,降低代理成本或确保代理人的代理行为最优。

在供应链中,上下游企业间经常存在委托代理的关系。例如,供应链上游的企业充当代理商,供应链下游的企业充当委托人,金融机构和第三方物流企业之间形成委托代理关系。双方之间由于信息不对称和存在利益冲突等因素,可能存在委托代理问题。为了有效解决该问题,可以通过供应链金融建立有效的信息平台和激励机制来规避风险。

2.3 风险管理理论

风险管理是指企业通过对面临的各种风险进行识别、评估、预防和控制,最大限度地减少风险对企业的负面影响,以实现企业长期发展目标的过程。这个过程需要考虑风险识别、风险评估、风险预防和风险控制等方面,并需要制定相应的措施来应对各种风险。

在与供应链金融相关的内容中,风险管理理论的应用可以帮助金融机构更好地了解供应链中的风险状况,制定更加科学合理的管理策略,增强整个供应链的稳定性和可持续发展能力。同时,风险管理理论也有助于减少信息不对称问题,提高供应链金融业务的透明度和可信度。

具体来说,风险管理理论在供应链金融中的应用包括以下几个方面。

(1)风险识别:对供应链中可能存在的风险进行识别和分类,包括市场风险、信用风险、操作风险、流动性风险等。这些风险的来源可能包括供应商的不稳定、市场价格的波动、贸易条款和条件的变化等。

(2)风险评估:通过定性和定量分析方法,对供应链中的风险进行评估和测量,包括风险概率、损失程度、风险分布等。这种评估需要考虑历史数据、市场趋势、行业特点等因素，以确定各种风险对企业的影响程度。

（3）风险预防：通过制定相应的预防措施，降低供应链中出现风险的概率和影响程度。例如，通过多元化供应商、签订长期合同等方式来减少供应商不稳定带来的风险。

（4）风险控制：一旦供应链中出现风险，需要采取相应的措施来阻止风险的扩大和蔓延。例如，通过调整库存管理策略、优化物流配送等方式来减少操作风险。

（5）风险监控：对供应链中的风险进行实时监控和预警，及时发现和处理潜在的风险事件。这需要建立相应的风险管理机制和信息系统，以便及时获取相关信息并作出相应的决策。

总之，风险管理理论在供应链金融中具有重要的作用，可以帮助金融机构更好地了解和控制供应链中的各种风险，提高整个供应链的稳定性和可持续发展能力。

2.4 牛鞭效应

在经济学中，牛鞭效应（bullwhip effect）是指在供应链中，从最终客户端向原始供应商端传递信息时，信息逐级扭曲和放大，从而引发需求信息的不断波动。这种信息扭曲的放大效应在图形上类似于甩起的长鞭，因此该现象被形象地称为牛鞭效应。

产生牛鞭效应的主要原因有以下几点。

（1）信息滞后：供应链中的每个环节都需要一定的时间来传递和处理信息。当消费者需求发生变化时，供应链中的下游环节可能无法立即察觉，导致生产和供应的不平衡。

（2）缺乏协调：供应链中的各个环节往往是独立运作的，彼此之间缺乏有效的协调机制。当消费者需求发生波动时，供应链中的各个环节往往会根据自身利益进行调整，而不是整体协调，从而导致不平衡现象的出现。

（3）库存管理不当：供应链中的每个环节都需要进行库存管理，但不同环节对库存的管理方式和水平可能存在差异。当消费者需求发生波动时，库存管理不当可能导致供需不平衡，进一步放大牛鞭效应。

总之，牛鞭效应是供应链管理中一个重要的概念，它描述了在供应链中消费者需求信息传递过程中的放大现象。了解产生牛鞭效应的原因对于理解供应链的运作机制非常重要，并且可以采取相应的措施来减轻其对供应链稳定性和效率的影响。

2.5　供应链协调理论

在现代商业环境中，供应链的竞争已成为重要的焦点，而不仅仅是企业之间的竞争。然而，当供应链成员企业以自身利润最大化为目标进行决策时，可能会导致双重边际效应，进而影响整个供应链系统的利益。双重边际效应描述的是供应链中的各企业在决策时仅从自身利益出发，而忽视了这些决策对其他成员企业及整个供应链系统的潜在影响。这种短视行为常常引发供应链的失衡和效率降低，导致信息不对称、缺货、过剩库存等问题，从而影响整个供应链的绩效和利益。为了解决这个问题，供应链协调理论应运而生。供应链协调理论可以在一定程度上促进成员企业的合作，缓解双重边际效应造成的不利影响，提高供应链的整体收益。

2.5.1　供应链协调的概念

著名的供应链研究专家印度尼西亚万隆大学教授 Simatupong 认为供应链协调指的是对商品、服务、信息和资金的流动进行协调，涉及两个或多个独立公司之间的协同工作，旨在通过联合行动更有效地规划和执行供应链运作。买家和供应商通过合作解决关键的供应链问题，可以共同实现利益最大化。协调涵盖了从初始订货到运输、库存管理以及整体供应链管理的全过程，有助于提升供应链的效率和竞争力。

国内学者也对供应链协调进行了相关研究。有学者指出，供应链协调是指，当供应链中的每个成员企业独立运作时，其各自所获得的最优利润总和应当等同于整个供应链作为一个统一实体运作时所能实现的最优利润。也有学者认为，供应链协调指的是通过一系列行动，确保供应链中的信息流、物流和资金流能够无缝且顺畅地传递，从而降低因信息不对称导致的生产、供应和销售等环节的不确定性。同时，供应链协调也致力于消除因各成员目标不一致而产生的利益冲突，以提升供应链的整体绩效。当供应链的所有阶段都能采取有益于整体利益的行为时，供应链的协调性自然得到加强。这种协调性要求供应链的每个阶段在决策时，都需充分考虑到自身行为对其他阶段可能产生的影响。

总的来说，供应链协调的概念是：为了提高供应链的竞争力并缓解双重边际效应造成的不利影响，供应链成员企业通过签订协议等方式加强彼此的协作，促进供应链各企业和整体收益的提升。

2.5.2　供应链协调的内容

（1）收益协调。供应链中的各个成员企业往往以自身利润最大化为目标，但这可能导致供应链系统整体利润的降低。因此，需要通过合理的利益分配和激励机制，使供应链中的利益得到合理分配，从而提高供应链系统的收益。

（2）风险协调。供应链中的成员企业面临不同的风险，而任何一个成员企业的风险变化都可能会对其他成员企业产生波及效应。因此，需要协调和管理供应链中的风险，以提高供应链系统的风险抵抗能力。风险协调可以通过共享风险信息、建立风险管理机制和合理的风险分担方式来实现。

（3）生产与物流协调。供应链中的生产和物流环节需要协调，以确保产品的及时供应和顺畅流动。这涉及供应链中各个环节的信息共享、协同计划和协同操作，以减少生产和物流的不确定性和浪费，提高效率和服务水平。

（4）信息协调。供应链中的信息流动对于协调和决策制定至关重要。需要确保信息的准确性、及时性和共享性，以支持供应链中各个成员企业的决策和行动。

（5）战略协调。供应链中的各个成员企业需要协调其战略目标和行动，以确保供应链的整体一致性和协同效应。这需要共同制定供应链的战略规划和目标，协商决策，并建立合作伙伴关系，以实现长期的供应链协同发展。

2.5.3　供应链协调方法

现有的供应链协调方法包括回购或退货策略、数量折扣策略、提前订货策略、快速反应策略、质量合同策略、进场费策略、数量柔性策略、分配策略以及最小采购承诺等。其中，回购策略和数量柔性策略是供应链协调中的基本协调方法。

回购策略，亦称为返销，是一种常见的供应链协调机制。为应对需求的不确定性，此策略允许下游成员以低于批发价的价格将未售出的商品退回给上游成员，从而实现风险共担。理论上，这种策略能有效消除双重边际效应，增强供应链的稳定性。

数量柔性策略则是为应对需求的不确定性，通过设定灵活的订货量约束，让供应链上下游企业共同承担风险，降低生产和库存的波动，提升整体系统性能。该策略主要包括最小批量承诺和柔性批量承诺两种形式，广泛应用于电子产品和计算机产业的零部件交易中。

2.6　结构融资理论

结构融资理论是一种重要的金融理论，它起源于西方国家，特别是以大宗商品交易现金流作为融资还款来源的融资行为。该理论在 20 世纪 70 年代由美国经济学家，雷蒙德·W. 戈德史密斯（Raymond W. Goldsmith）首次提出，并因其对金融领域的深远影响而被誉为 20 世纪最具重要性和生命力的金融创新之一。它是指企业通过创建特殊目的实体（special purpose vehicle，SPV），将具有未来现金流的特定资产从其他资产中分离出来，并以这些资产为基础进行融资的过程。这种融资方式可以理解为，企业使用现金资产来置换其资产负债表中的特定资产。从本质上讲，结构融资是对企业资产的变现或处置，以实现资本的有效利用和流动。

尽管结构融资在发达的资本市场中已有深厚的实践历史，但在欧美实务界和学术界，这一概念尚未形成统一的定义，导致其容易与证券化、资产证券化的含义混淆，这三个术语经常被交替使用。实际上，结构融资是一个更为宽泛的概念，它不仅包括资产证券化这一形式，还涵盖了非证券化形式，如保付代理和包买票据等。

结构融资既不同于股权融资，也不同于债权融资，它是一种融合了股权、债权，甚至期权特点的融资工具，是传统担保融资与证券发行相结合的产物。其独特之处在于能够在不提高资产负债率的情况下为企业实现融资，将资产从资产负债表中剥离，转移到表外，通过资产出售实现融资，从而增加流动资产、降低运营风险，保持资产负债率不变。此外，结构融资还有助于降低资金成本，使那些在传统方式下难以达到融资条件的企业得以实现融资。

随着我国经济融入 WTO，这种资产负债表外的融资方式对我国国有企业来说成为一种理想的短期融资方式。它能够有效利用国有企业的存量资产，盘活有限资金，并充分发挥财务杠杆作用。

与股权融资和债权融资相比，结构融资的主要要求是基础资产或项目必须拥有稳定且可预测的现金流作为偿付来源。这对于那些难以直接进入资本市场融资但拥有可产生稳定现金流的有形资产的中小企业而言，是一个巨大的优势。通过结构融资，这些企业可以以最低的融资成本获得所需的资金。

2.7 复杂网络理论

复杂网络通常指的是那些具有复杂拓扑结构和动力学特征的大规模网络。这些网络由众多节点通过边的相互连接构成，呈现出高度的复杂性和动态性。在众多研究者的推动下，复杂网络理论已广泛应用于诸如互联网、电力网、金融网、神经网络等各类复杂系统。

复杂网络的主要特征如下：一是网络中节点与节点之间的连接方式和内容具有多样性；二是网络结构具有动态演进性；三是网络之间的影响具有交互性。复杂网络理论的基本框架主要包括复杂网络的统计特性、结构模型以及发生在网络上的动力学行为三个方面。

复杂网络的相关统计指标包括：

（1）节点的度。在无向网络中，节点的度是指与该节点直接相连的边的数量。而在有向网络中，节点的度进一步细分为入度和出度，分别表示指向该节点的边和从该节点出发的边的数量。节点的总度则是其入度与出度之和，总度越大的节点在网络中的地位越重要。

（2）网络直径和平均路径长度。网络直径代表了网络中最远的两个节点之间的最短距离，它反映了网络的规模与连通性。而平均路径长度则描述了网络中任意两个节点之间平均需要经过的步数，较短的平均路径长度意味着信息或影响在网络中传播得更快。

（3）聚类系数。聚类系数是一种局部指标，说明网络中各个节点趋于聚集在一起的程度，表示网络中节点间的聚集状况。

（4）中介中心性。节点的中介中心性计算了网络中所有最短路径中经过某个节点的比例，从而反映了该节点在信息传播和控制网络中的影响力与地位。

现代复杂网络的快速发展始于20世纪末美国科学家的两项创新性成果：Watts和Strogatz提出了小世界（small world）模型，Barabasi和Albert提出了无标度网络（scale-free）模型。国内学者对国外复杂网络理论研究的首次介绍，可追溯到汪小帆于2002年在国外杂志上发表的一篇论文。该文深入回顾了国外复杂网络领域近年来取得的关键性成果，涵盖了平均路径长度、聚集系数和度分布等核心网络度量指标。同时，该文还讨论了Internet、WWW和科学合作网络等实际系统，以及规则网络、随机网络、小世界网络和无标度网络等多样化的网络模型、复杂网络上的同步现象，展现了复杂网络理论的广泛应用前景。也有学者主要从平均路径长度、聚集系数、度分布等统计性质出发，深入探讨了复杂网络的内在特性、小世界网络和无标度网络等网络模型，为理解复杂网络的结构和动力学行为提供了有益的参考。

供应链金融运用复杂网络理论主要是研究供应链金融网络中各参与方之间相互作用和依赖关系的理论。在供应链金融中，各个参与方（如供应商、制造商、分销商、金融机构等）形成了一个复杂的网络结构，它们之间通过资金流、信息流和物流等相互连接和影响。

2.8 区块链理论

1. 区块链技术的定义

2008年2月，中本聪提出的比特币催生了区块链技术的发展。在他的论文《比特币：一种点对点电子现金系统》中，他首次定义了区块链："一种去中心化的网络，通过加密算法对交易进行验证，并生成一个与输入口令相关的新的随机值，如果该随机值能够被验证,那么这笔交易就被记录在一个由多个块组成的链上。"该论文还明确了比特币的体系结构,包括一系列交易,这些交易由加密算法生成,并按序列连接在一起,最终以区块链形式被记录。因此,区块链被认为是一种应用了分布式数据存储、点对点数据传输、共识机制以及加密算法等计算机技术的新型模式。它以块的形式记录和存储交易数据,并使用加密算法保证数据的安全性和不可篡改性。在数字债权凭证的应用中,区块链技术被用来将企业的应收账款转化为数字化的债权凭证,并在区块链上进行记录和流转。

2. 区块链技术的特点

区块链的最大价值在于四个方面:去中心化、分布式存储、信息不可篡改、智能合约,这些特性能够对人类行为进行更严格的约束,从而带来广阔的应用前景。

1)去中心化

去中心化是指将权力分散,使用户可以通过去中心化的方式进行点对点的交易,从而有效降低网络的安全风险。与中心化相比,它可以防止因将数据都保存在一个数据点上而导致整个系统的崩溃。另外,通过授权,它还可以保护用户的个人隐私并防止数据垄断。

2)分布式存储

分布式存储技术可以与各类设备的硬盘容量相结合,形成一个虚拟网络存储区,可以在网络的各个角落储存资料。因此,我们可以认为,分布式存储技术并不像将资料存储在单独一台电脑上那样,而是将一台电脑上的资料进行分割。在一个分布式网络中,每台电脑都拥有一部分资料,即一台电脑的资料被存储在多个网络中的电脑上,每台电脑都拥有一个资料片段。因此,即便一个网络受到攻击,也不会波及其他网络中的资料。

3)信息不可篡改

区块链采用非对称加密原理,通过共识算法来生成强大的计算能力,以保证档案不会被技术手段或其他机制所更改。区块链利用非对称加密原则,防止任何被随意更改的可能性。同时,利用共识算法,构建出了巨大的计算能力,确保了所保存信息的真实性和防篡改性。

4)智能合约

智能合约因其开放性、透明性和不可篡改的特点,成为人们关注的焦点。与传统计算机编程不同,人的控制能力相对较弱。而智能合约通过人与智能的交互作用,来避免交易中的欺诈行为。该合约由计算机自动生成,相对于传统的手写合同,参与者的相关责任可以按照这一指导方针来确定。

具体来说,数字债权凭证的开具和流转过程可以通过智能合约来实现。在数字债权凭证的应用中，智能合约可以定义债权凭证的开具条件、流转规则、兑付方式等，并确保这些规则得到严格执行。

通过区块链技术和智能合约的应用，数字债权凭证可以实现去中心化、透明化、可追溯和安全可信等特点。这些特点使得数字债权凭证在供应链金融领域具有广泛的应用前景，可以有效解决核心企业与供应商之间的应付账款问题，提高融资效率并降低融资成本。

课后习题

一、名词解释

　　信息不对称理论

　　风险管理理论

　　回购策略

二、思考题

1. 风险管理理论在供应链金融中有哪些应用？
2. 供应链中牛鞭效应产生的原因有哪些？
3. 供应链协调有哪些具体内容？

第 3 章

供应链金融生态圈

学习目标：

1. 了解供应链金融生态圈的总体构成和运作方式。
2. 了解供应链金融生态圈中不同组织生态的具体组成部分、功能、职责等。
3. 对供应链金融领域的部分问题有具体的认知。

导入案例：

顺丰供应链金融业务的探索

顺丰控股早在 2011 年就展开了供应链金融业务布局，在成立金融公司并获取牌照的同时，成立了顺丰科技公司，开始对主营业务线上的数据进行收集和整理，搭建自己的风控系统。基于电商运营形成的数据资源，利用数据资源分析判断商户的信用状况，并利用订单、仓储库存等资源为融资业务提供质押方面的保障，从而降低业务风险。顺丰开展金融业务采用了比较典型的产融结合模式，各项业务基本围绕主业及自身场景来展开，而与自身场景关联不大的业务则通过合资方式进行尝试。

（1）电子产品仓储贷。该业务是为使用顺丰仓储服务的电子商品类电商专门打造的，在提供仓储出入库服务的同时，提供贷款支持。其产品主要包括电脑、白色家电等。比如，某电子产品类电商使用了顺丰仓储服务，可以通过对其库内货物进行价值评估，发放期限 6 个月、额度 100 万元的贷款，年利率 11%。倘若是戴尔、联想之类的电脑或耳机，可以按售价的 60% 发放贷款。

（2）经营贷。经营贷是顺丰集团为其合作伙伴专门提供的供应链金融服务。它的主要亮点是：一是信誉，二是无担保，三是额度高、还钱方便，四是在线操作，可以快速借贷。贷款额度为 50 万元，每天利息率为 0.034%。

（3）顺手赚，增值宝。顺丰与鹏华基金联合推出的一只货币基金。它的优点是：

首先，收益稳定，7天的年回报率2.05%，交易过程中不需要任何费用；其次，可以随时提取，无须提前预约，最快2分钟到账。这是针对与顺丰发生业务后，顺丰系统中仍有大量现金的客户。

一、顺丰供应链金融业务的盈利模式

顺丰供应链金融业务已经发展了10多年，依靠顺丰不断扩展的运输版图、不断升级的基础设施和不断拓展的业务类型，顺丰金融也跟随顺丰的快速发展，不断更新自己的业务类型。同时，利用平台承载的用户行为数据搭建自己的风控模型，对申贷人进行评分定额。在顺丰布局供应链金融的发展中，随着能力的提升，不同历史阶段发展出不同的盈利模式。结合业务推出的关键事件，可以简单将其盈利模式的发展分为三个阶段。

1. 初始阶段——"支付分账"盈利模式

顺丰公司在开展供应链金融业务的初始阶段就采用了"支付分账"的盈利方式。2011年年底，顺丰公司取得了中国人民银行的第三方支付许可证，并推出了"顺丰宝"业务（后来改名为"顺手付"），这标志着顺丰公司布局金融领域的开端。顺丰宝的受众虽然不如微信支付的覆盖范围广，但顺丰还是将其与日常快递业务绑定。"顺丰宝"的新用户在顺丰的配送中可以享受到两次减免一角钱的优惠，这也让很多依靠顺丰物流渠道的商家和顾客积极成为该业务的新用户。

"随手付"分为三种类型：

（1）储值卡。现有的储值卡有两种，一种是顺丰的校联卡，另一种是顺丰的速运通卡。顾客可以用卡里面的钱来支付每个月的邮资，而顺丰的每一次寄件都会在上面扫描条码，输入支付密码后自动扣费，十分方便快捷。另外，在充值的时候，用户可以获得10%的返利。而且，在使用了这张储值卡之后，用户会得到相应的积分，既可以将这些积分用于支付快件费用，也可以用于支付额外的手续费。

（2）分账产品。该产品是指商户在完成订单后进行资金的合法分配。完成交易后，订单的资金会被冻结，等待分账，然后按照商家的分账原则，将相应的账款金额解冻，分发到各个利益相关方，比如合作伙伴、分成方等。

（3）代收服务费。顺丰公司与客户签署了一份代收合同，客户在发货时，如果产品符合中国法律要求，那么顺丰公司将为卖家提供"代收货款"业务，而顺丰则会按照约定收取佣金。顺丰金融在收到付款后，卖家可以通过顺丰金融App进行回款，回款时间和收取的数额可根据使用者的性质而定。目前单次收取的付款金额最低为1元，最高为100000元。顺丰依靠"顺手付"平台，不仅为其母公司带来了一定的业务收入，还提供了前期的消费数据，增强了金融业务对消费者的吸引力。

2. 发展阶段——"融合基建"盈利模式

2014年伊始,顺丰集团接连获得了小贷、保理、融资租赁、保险等多张牌照。顺丰陆续推出了"仓储融资""保理融资"等金融信贷产品,产品种类逐渐丰富。

(1)仓库融资模式。仓库融资模式依赖于顺丰遍布全国的自营仓库。顺丰控股在全国拥有175个不同类型的仓库,面积近200万平方米,业务覆盖全国一百多个重点城市。同时,也配备有系统化的调拨中心。依靠顺丰早期布局的数据采集系统和云计算服务,各仓库内货物流转状况及调拨情况都会及时反馈到总部,实现从中央到地方的一体化管理。仓库融资过程是:顺丰与各电商平台签署了仓库管理合同,将自己的仓库交由各个电商平台用于储存,并签署了一份物流合同。在完成交易时,需要顺丰仓库的调拨配合完成,而后顺丰则会根据自己的物流系统进行国内配送。同时,商户也可以通过动态质押仓内物资的方式,从顺丰获得贷款。顺丰掌握了商户的运营数据和仓内物资,极大降低了风险成本。在整个供应链上,中小企业通过顺丰的仓储系统实现商品的保管与流转,减少自身费用支出。顺丰凭借其强大的物流网络和就近发货的原则,为电商类客户提供快捷、优质的服务。同时,在仓储过程中提供一定的资金贷款,在很大程度上缓解了链路上中小企业的融资压力,并帮助其降低财务风险。从顺丰的立场看,通过将快递和金融信贷服务捆绑在一起,可以提高顺丰用户的忠诚度。通过在国内的密集仓库集中运输,实现对全国各地的配送,既保证了利润,又降低了运输费用。最终,顺丰公司依靠自身雄厚的资本力量,为其客户进行融资。顺丰通过其庞大的渠道,可以根据客户的信用等级,实时调整其信用等级、放贷额度和贷款期限。

(2)订单融资模式。顺丰金融的订单融资主要针对与顺丰在供应链上下游发生业务往来的中小企业。其业务流程包括:在顺丰金融的融资平台上,顺丰金融获取上下游中小企业的采购订单。在提供物流运输、仓储保管等服务的同时,顺丰金融为其垫付采购金。简单来说,顺丰通过自己的信誉为客户提供贷款,极大地降低了供应链上下游中小企业的采购成本。而物流和仓储全部交由顺丰负责,不仅保障了贷款的安全,还拓展了主营业务,强化了顺丰在供应链中的核心地位。

(3)保理服务模式。所谓保理业务,包括应收账款和仓库抵押。仓库抵押指顺丰会给顺丰的合作伙伴发放股票质押,这样做的优势是顺丰可以监控仓库里的商品,还能够对抵押的商品进行动态评估,并根据客户的信用情况来调整信贷额度。所谓的应收账款,是指与顺丰有着紧密合作关系的上下游公司,在供应链中,上游供应商与下游采购商签署采购协议,生成一笔应收款项,而顺丰金融则负责收购上游采购商对下游供应商的货款债权,从而为上游公司提供资金支持。

3. 进阶阶段——"对外开放"盈利模式

随着顺丰金融业务的开展,其风控水平也在不断提高,用户数据不断积累,同时依靠顺丰金科的数据支持能力,顺丰逐渐开展信用贷模式,并与基金公司合作,开展代客理财业务。

(1)顺小贷模式。顺小贷是针对顺丰主营业务链上的中小微企业推出的小额信用贷款。顺丰通过大数据能力系统对申贷者在物流平台上沉淀的数据进行分析,综合评估贷款行为的信用风险,并根据申贷者的不同资质给予不同的利率和额度。这不仅能够为供应链上的小企业提供资金支持,还能够加强彼此的合作关系,同时赚取息差。

(2)顺手赚。对于沉淀在顺手付中的系统内资金,顺丰金融联合易方达货币基金推出顺手赚业务,使闲置资金可以继续增值。此外,顺丰金融还有一款顺丰金融活期理财产品,通过便捷代收的款项存入"顺丰金融活期理财产品",享受一定的增值收益。顺丰活期理财产品具有自动增值、随时提现、提现当日到账的特点,满足客户对资金流动性高和保值增值的需求。

二、顺丰供应链金融的利润对象分析

在商品和劳务供应方面,存在购买方和使用方两类,这些消费者既是公司利润的对象,又是公司的盈利来源。利润对象承载着公司产品的输出价值,顺丰开展的金融业务拥有金融和物流双重属性。随着金融能力的增强,其所覆盖的对象也会增多。

在初始阶段,顺丰尚未厘清金融行业的规则,并未匆忙扩张金融业务,而是先获得了支付牌照,以第三方支付的方式作为切入点,开展前期的用户培养。主要通过储值卡、代收服务、分账服务等赚取手续费,此时盈利模式的利润对象为顺丰发货个人,目的是提高用户对顺丰金融的认知。

发展阶段,顺丰认识到自身在发展金融业务方面的优势,采用了融合基础设施的方法进行供应链金融业务拓展。结合顺丰较强的仓储能力及广泛的用户基础,顺丰发展了仓储贷、订单融资、保理等业务,在控制风险的同时提高了自身收入。此时,盈利模式的利润来源拓展至顺丰的合作企业。

在进阶阶段,顺丰接连推出了信用贷和代客理财服务,提升了顺丰金融的专业化程度。此时,盈利模式的利润来源拓展至社会公众。

3.1　供应链金融生态圈概述

生态圈的概念最初是指生活在同一时空中的生物群落与环境之间通过信息、物质和能量的传递所形成的有机整体。但随着其内涵的进一步发掘,生态圈的概念得到进一步拓展,并在经济学、管理学等方面焕发了全新活力。

随着区块链和大数据等技术在金融领域的应用,当前的供应链金融生态圈大致由

三个层次构成，分别是：宏观环境生态、中观组织生态、微观要素生态，它们共同构成了供应链金融生态圈。这三大层次之间及同一层次内的不同参与者并非孤立的，而是相互影响、相互作用的关系。

供应链金融生态圈是一个由多个主体共同参与的复杂生态系统，旨在实现供应链的优化和效率提升。在这一生态圈中，不同类型的企业、公共部门、物流服务提供商、金融服务提供商、供应链金融平台提供商、咨询师、顾问、行业和专业协会、政府和公共机构以及学术界等主体共同参与，形成了一个相互依存、相互影响的有机体。

供应链金融生态圈中的各主体承担不同的责任，通过参与生态圈可以获得各自的价值，从而实现供应链金融的协同发展。供应链金融生态圈的构成如图 3-1 所示。

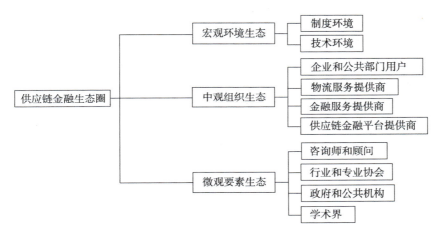

图 3-1　供应链金融生态圈的构成

3.2　企业和公共部门用户

供应链金融生态圈中的企业和公共部门用户是该生态系统的主要服务对象。这些用户包括各种类型的企业，如生产制造企业、贸易流通企业以及物流企业等。这些企业通过供应链金融获得金融服务，以更好地实现自身的运营和发展。

产业链上的核心企业在供应链金融生态圈中扮演着中心角色。核心企业的职责包括提供产品或服务、管理供应链关系、确保供应链的可持续性和效率。核心企业通过参与供应链金融生态圈可以获得融资支持、降低融资成本、优化现金流、提高供应链效率、降低供应链风险等。

供应商（上游）是供应链金融生态圈中的重要一环，它们是供应链的起点，直接影响着整个供应链的运作。供应商可以通过参与供应链金融活动，获得资金支持和融资渠道，提高资金周转效率，降低融资成本，增强供应链的稳定性和可持续性。同时，供应商也需要关注自身的供应链金融风险，积极寻求解决方案，确保供应链的顺畅运作。

销售商（下游）在供应链金融生态圈中扮演着重要角色，它们通过与供应商的合作，获取所需的产品和服务。销售商可以通过供应链金融工具，为供应商提供资金支持，帮助其提高生产能力，确保供应链的稳定和高效运作。同时，销售商也需要关注供应链金融风险，积极寻求合作伙伴，共同应对挑战，确保供应链的可持续发展。

供应链金融生态的内部运作如图 3-2 所示。

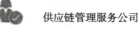

图 3-2　供应链金融生态的内部运作

3.3　物流服务提供商

物流服务提供商是供应链金融生态圈中不可或缺的一部分。它们提供一系列物流服务，如运输、仓储、包装、配送等，以支持供应链的高效运作。物流服务提供商还可以提供基于物流服务的增值服务，如物流金融、供应链优化等，合理运用供应链金融工具，获得资金支持，提升物流设施和技术水平，提高服务质量和效率，为供应链的顺畅运作提供保障，从而更好地满足供应链上企业的需求。

物流服务提供商承担的主要职责如下。

（1）物流数据的整合。从某种意义上讲，将物流数据与金融活动相结合是生态圈中物流服务商最主要的职责，这也是其与传统物流活动的区别所在。在供应链金融运作过程中，追踪物流活动和管理产品物流是供应链金融的关键。物流服务提供商将相应的物流信息传递给金融服务商或金融平台提供商，后者需要证实这些信息的完整性和可靠性，同时整合、分析各方面的信息（即交易信息及其他信息），将这些加工后的信息传递给金融服务提供商进行决策。从这个角度看，生态圈中的物流服务商不仅需要具备物流经营和管理的知识与经验，能够正确合理地把握物流运行的状态，而且需要了解关键控制点和风险易发点，否则供应链金融所需的信息就会出现偏差，并带来灾难性的后果。

（2）信息技术的推动和大数据的运用。在供应链金融的运作过程中，信息技术和大数据是关键，二者是保障物流信息与金融活动完美结合的基础。一方面，所有的物流服务提供商或交易伙伴需要通过信息技术将相关信息传递给第三方金融服务平台；另一方面，它们还需要将整合后的数据通过信息技术传递给金融服务商。金融服务商之所以能全面了解供应链的运行状况，控制金融活动中的风险，关键在于物流服务商传递出的信息以及信息技术的运用，并借助大数据把握供应链交易的特征、各参与方的行为状态，从而合理地设计出相应的产品。

此外，物流服务提供商积极融入供应链金融生态圈，也可以获得更稳定的订单、增加收入、提高运营效率、降低运营成本等好处。

3.4 金融服务提供商

金融服务提供商是供应链金融生态圈中的核心组成部分，提供各种类型的金融服务，如贷款、保理、融资租赁、风险管理等，以支持供应链上企业的资金需求和风险管理。金融服务提供商还可以通过与物流服务提供商合作，提供基于物流服务的金融增值服务，如货物抵押贷款、库存质押贷款等。狭义的金融服务商，主要指的是所有致力于为其他机构的投资及财务需求提供金融支持的机构。广义的金融服务商，指的是所有结算合同的机构，并不一定是供应链上的契约方，还可包括银行、保险公司、融资租赁公司、投资公司、第三方支付公司等。其中，银行是最主要的资金供给者，提供的服务包括贷款、信用证、保函、票据融资等。银行提供的供应链金融服务可以帮助企业改善资金流动性，提高资金使用效率，改善企业的财务状况。金融服务提供商通过参与供应链金融生态圈可以获得利息、手续费、保费等金融收入，同时也可以扩大客户群体、降低风险、拓展业务规模。

金融服务商不仅是供应链金融中直接提供金融资源的主体，也是最终承担风险的组织。一般发挥着四种职能：

（1）直接促使资金放贷和信用增强。要实现这一点有两个要素很重要：一是确立供应链金融业务标准，否则这些机构将面临较大风险，因为它们并不直接介入供应链的实际运行，所以，只有确立标准，才能使它们及时监控交易的细节与过程，把握可能存在的风险；二是管理贸易融资与以资产为基础的融资之间的冲突与矛盾，即将以往借贷业务中很难开展的资产和业务转化成一种可融资对象的综合解决方案。

（2）后台与风险管理。虽然在供应链金融中有第三方金融平台和物流服务商共同管理风险，但是由于金融服务商是最终的风险承担者，因此，它必须具备较高水平的风险管理体系和手段，这包括交易文件的管理，以及将信用与其他风险管理者结合起来的运作框架等。

（3）融资产品条款的具体安排，包括供应链金融产品定价或收益设计等，特别是如何通过供应链金融体系的建立，使供应链参与各方获得相应的利益和回报。值得注意的是，目前有些金融机构正在独立构建并完善运营资金整合管理平台，这将在供应链金融中发挥更为重要的作用，未来将会有越来越多的金融服务提供商发展成为金融平台提供商。

（4）交易和信用保险的最终保障。供应链金融的有效开展，需要运用交易和信用保险转移可能存在的风险，推动资金流在供应链中的有效运行。这要求根据交易的特点、产品的性质状况等选择金融机构、保险机构设计出相应的产品，同时不断监控交易的过程和产品的状况，使得保险既能有效转移风险，也能将风险控制在可接受的范围，这就需要金融服务商提供全面的支持方案。

3.5 供应链金融平台提供商

供应链金融平台提供商是供应链金融生态圈中的重要组成部分，其负责搭建基于互联网的供应链金融平台，将供应链上的企业、物流服务提供商、金融服务提供商等主体结合在一起，实现信息的共享和交流、提升交易的透明度和准确性等。供应链金融平台提供商还可以通过大数据、云计算等技术手段，对供应链进行深度分析和挖掘，提供供应链金融解决方案，包括供应链融资、供应链风险管理等，为企业提供更加精准的金融服务。

在供应链金融场景中，平台提供商也是为金融服务提供商和物流服务提供商提供必要应用（如电子账单呈现与传递，即票据、应收应付账款等）或基础的主体，它促进了采购订单、票据、应付应收账款等文件在供应链买卖双方，以及金融机构之间的交换与信息整合，使相应的参与方能够自动及时地了解供应链交易的过程和交易对象的信用，实现信息共享、交易便捷、风险可控等目标。

具体地讲，平台提供商有两类职能：一是呈现，供应链金融各参与方需要在解决方案中有互动的途径，特别是需要为供应链交易方提供电子票据呈现和传递的平台，以及纠纷解决的方法等。总体上讲，供应链金融平台可用于包括票据、信用证数据、采购订单以及应付账款等信息的汇集和反映。二是操作，包括开票、匹配、整合、支付处理、融资、信用证处理、文件管理等操作过程。这里的核心在于健全信用风险管理，以及将呈现和操作结合，设计出成本最低、风险最小，同时又能使多方从中获益的方案。

供应链金融平台是一种基于互联网技术的金融服务平台，旨在为供应链各参与方提供便捷、高效的金融服务。该平台通过整合供应链上的金融需求与资源，为供应链各方提供全方位的金融解决方案，促进供应链上游企业的资金流动，降低中小企业融资成本，优化供应链资金循环。与传统的供应链金融融资方式相比，供应链金融综合服务平台具有如下优点。

（1）高效便捷：供应链金融综合服务平台利用互联网技术构建，提供在线申请、在线审批、在线放款等功能，大幅缩短了金融服务的办理时间，减少了烦琐的手续和人力成本，为企业提供了高效便捷的金融服务。

（2）资金周转：供应链金融综合服务平台通过融资、保理、贴现、供应链支付等金融工具，帮助供应链上各个环节的企业快速解决资金周转问题，提供灵活的融资方式和额度，提高供应链资金流通效率。通过管理活动和整体设计安排，最终能推动供应链中的企业开展融资活动，切实解决供应链中一些企业，特别是中小企业融资困难的问题。

（3）风险控制：供应链金融综合服务平台通过建立供应链金融信息共享平台，整合供应链上各个环节的信息，实现供应链的全程可追溯和风险管控。平台通过大数据分析和风险评估模型，对供应链上各个环节的企业进行信用评估和风险控制，提供精准的风险预警和监控。

（4）优化供应链：供应链金融综合服务平台通过提供全方位的金融服务和信息共享，提高供应链上的资金流动性，降低供应链中中小企业的融资难度和成本，促进供应链各参与方之间的合作和协调。平台通过优化供应链资金循环和流通，提高供应链的效率和竞争力。

（5）创新模式：供应链金融综合服务平台基于互联网技术和金融科技，通过创新的商业模式和金融产品设计，满足不同企业的金融需求。平台整合了传统金融机构和供应链服务商的资源，建立了多方合作的生态系统，实现了供应链金融的场景化、个性化服务。

供应链金融平台提供商对供应链金融生态圈的最终形成起到了重要作用，其自身也可以获得平台使用费、技术服务费等收入，同时还能扩大用户规模、提升平台价值、推动供应链金融创新。

整体而言，供应链金融平台提供商的核心是全面的信用风险管理，使供应链交易的过程更加透明，各方企业都能及时了解信用信息。即呈现与操作相结合，从而设计出成本最低、风险最小、多方可获益的方案。

3.6 咨询师和顾问

咨询师和顾问是供应链金融生态圈中重要的构成要素。这些专业人士为供应链金融生态圈中的各参与者提供战略规划、运营管理、风险管理等方面的咨询服务。在供应链金融领域，咨询师和顾问还可以提供针对供应链金融的专项咨询和培训服务，帮助企业更好地了解和应用供应链金融工具和技术。咨询师通过提供专业的咨询服务，帮助企业和金融机构优化供应链金融方案，降低成本、提升效率。咨询师可以帮助企业识别和解决供应链金融中的问题，提供定制化的解决方案，提高企业的竞争力。顾问也是供应链金融生态圈中的专业人士，他们通过提供专业意见和建议，帮助企业和金融机构解决供应链金融中的难题和挑战，推动行业的发展和创新。顾问可以根据企业的实际情况，提供个性化的供应链金融解决方案，帮助企业提升运营效率和风险控制能力。

咨询师和顾问积极融入供应链金融生态圈，不仅可以获得咨询费、顾问费等收入，还能提高自身的专业声誉，拓展潜在客户网络。

3.7 行业和专业协会

行业和专业协会是供应链金融生态圈中的重要组成部分。这些协会由各个行业和专业领域的从业者组成，可以通过制定行业标准和规范、组织培训和研讨会等方式，促进行业交流与合作，推动行业的发展和进步，并促进供应链金融生态圈的健康发展。在供应链金融领域，行业和专业协会还可以为企业和公共部门提供相关的指导和建议，提供专业培训、信息共享、合作机会等支持，帮助其更好地应用供应链金融工具和技术。

行业和专业协会积极参与建设供应链金融生态圈，可以获得会费、赞助费等收入，同时也可以增加会员数量、提升行业影响力等。

供应链管理的核心是通过整合创造价值的流程，来优化资金、物料及信息的流动。因此，供应链金融需要行业协会发挥辅助功能，协调供应链金融各参与者之间的活动，从而实现强链、固链的目标。

3.8 政府和公共机构

在供应链金融生态圈的宏观层面，环境影响者并不是指某个特定的活动主体，而是指构建环境或推动环境发展的个体或组织。环境主要分为两类：一是制度环境，二是技术环境。前者主要由政府和公共机构推动建立，后者主要受学术界和科研机构影响。

制度环境是供应链金融生态系统中最重要的组成部分，其核心功能在于如何为信贷人的权利提供良好的保护，主要由政府及相关机构来推动建设。制度主要是通过构建用以规定和限制社会行动者相互交往的规则系统来发挥作用。制度包含三个维度，即管制、规范与认知。

管制与法律法规或具有类似法律权威的细则密切相关，其通过奖励或惩罚机制来约束主体行为。在供应链金融生态系统中，管制维度主要体现在《中华人民共和国民法典》等相关法律法规中，核心功能在于保护信贷人的权利。现行的法律体系依然存在一定的完善空间，例如对于联保融资，尽管现有的法律体系已经确立了相对完善的担保体系，但是联保并没有消除风险，而是将风险转移到了供应链中的合作企业上，因此需要出台更完善的法律制度来保证商业银行与供应链、供应链联保商之间的信息对称。

规范与社会道德责任相关，重点指社会规范和群体共享的价值观内容。在供应链金融生态系统中，规范维度主要表现为政府及公共机构推动构建以社会性约束为特点的第三方体系，如诚信体系、银行监管和金融电子系统等多层面的建设，以规约金融生态环境的发展。

认知与社会构建的事实有关，即指人们对外部事物了解后会通过模仿行为，表现出对流行价值内容的认同。在供应链金融生态系统中，金融服务提供商通过评判质押物的质量，作出明确的确认和约定，但对质押物的质量检验会交由指定的监管人，第三方公共机构就是一个较好的选择，最终形成"委托—代理"关系来提高对出质人行为的监管，避免质物损毁的潜在风险。

政府和公共机构是供应链金融生态圈中的重要组成部分。该类主体通过制定政策和法规、提供资金支持等方式，支持和推动供应链金融的发展。也可以通过政策引导、项目扶持、信息公开等方式，支持企业和金融机构的供应链金融活动，促进产业的升级和转型。政府和公共机构还可以通过政企合作，建立公共服务平台和示范项目等，推广和应用供应链金融工具和技术。此外，政府和公共机构积极参与建设供应链金融生态圈，还可以促进经济增长、创造就业机会、提升金融体系的稳定性。

随着金融科技的快速发展，为了规范区块链技术在供应链金融场景中的应用，防范因技术问题出现的金融风险，并提高区块链供应链平台的安全性和可靠性，国家和相关政府部门应牵头制定"区块链+供应链金融"的相关国家标准和行业标准，规范引导相关企业正常开展相关业务，在降低行业准入门槛的同时为更广泛的中小企业提供普惠性金融服务。

3.9 学 术 界

学术界对供应链金融生态圈提供智力支持，通过研究和教育为供应链金融的创新和发展提供理论和技术支持。学术界可以为企业和金融机构提供最新研究成果、前沿技术、人才培养等支持，推动供应链金融的发展和应用。同时，学术界通过参与供应链金融生态圈的建设也可以提高自身声誉、获得研究资助、推动学术进步。

学术界作为生态圈中重要的组成部分，会对宏观层面的技术环境产生较大的影响。主要包括供应链技术，如各类创新金融产品的运作技术，以及电子信息技术。供应链金融的主要内容包含信息化的手段（如电子化的票据等），因此需要依托于完善、发达的电子信息技术支持，这种技术能够帮助供应链的各方参与者获取供应链运行的动态，了解不同运行阶段的风险程度等信息。

在区块链技术的发展过程中，学术界和科研机构是创新的主要来源，也是创新和发展的动力所在，因此企业和平台主体可以进一步加强与学术界的合作。研究机构帮助企业培养专门人才并提供具体的学术咨询，同时企业可以联合科研机构开展科研成果转化等活动。与此同时，政府也可以介入其中，促成学术界与企业之间的沟通协作，从而让理论知识更好地指导供应链金融的实践。

供应链金融的本质是为了实现健康的现金流，让整个行业的资金能够不断地循环。因此仅仅关注信贷是不够的，更要关注金融的数字生态圈。所谓金融的数字生态，意味着供应链金融不仅仅是借贷性的业务，它有更多的业务产品可以不断延伸，比如信用贷款、支付清算、保险等，这些都是产业发展所必需的金融要素。打造供应链金融数字生态圈意味着更多的协同，以及更广泛、更多元化的金融主体，它们能够综合性地服务于产业数字生态。同时，供应链金融数字生态圈的建设主要分为三个层面：

第一个层面是数字赋能。金融生态圈的建设需要不断发展新的数字技术，并提高数字服务能力。

第二个层面是供应链金融创新。供应链金融的创新包含三个维度：第一个维度是产品创新。产品创新就是从原来的要素金融逐步转向交易金融和场景金融。所谓要素金融，就是基于应收应付、存货、仓单等开展的金融活动。未来更要基于产业的相互业务关系、产业能力及发展变化，通过这样的场景来推动金融发展，这就是交易金融和场景金融的核心所在。第二个维度是流程创新。流程创新就是从原来只关注借贷流程，转向更多地关注资金往来。广义的供应链金融还包括支付清算、结算、账户管理，这些都是需要关注的重点，同时还涉及业务与财务融合问题。如何让资金管理包括融资活动更好地与产业的业务结合，服务于业务，为其提供定制化的产品和服务，是关键所在。第三个维度是要素创新。要素创新就是在风险管控过程中，从原来注重资产的风险管理，更多地转向行为性风险管理和能力性风险管理。换言之，要不断评判所有关联方业务行为变化及能力变动，并在此基础上更前瞻性地管理供应链金融风险。

第三个层面是建立生态化和可持续的供应链金融。生态化的供应链金融是基于复杂的业务场景，提供多元化组合和多种金融机构相互协同的整体性供应链金融服务。可持续供应链金融是未来供应链金融的发展方向，同时要通过供应链金融促进双碳目标的实现，这也是供应链金融生态圈所需解决的问题。

课后习题

一、名词解释

供应链金融生态圈

金融服务商

保理

信用证

数字赋能

二、思考题

1. 供应链金融生态圈中的微观要素生态有哪些？
2. 物流服务提供商承担的职责主要有哪些？
3. 金融服务提供商在供应链金融中发挥着哪些职能？
4. 与传统的供应链金融融资方式相比，供应链金融综合平台服务有哪些优点？

第4章

供应链金融历史演化与融资模式

学习目标：

1. 了解供应链金融从 1.0 到 5.0 的发展历程，包括每个阶段的特点、创新点等。
2. 掌握供应链金融的融资模式，包括突出运营主体的供应链金融模式、突出运营业务的供应链金融模式，熟悉这些模式的特点、运营机制及其中的代表企业。
3. 了解供应链金融中的外生风险和内生风险，如宏观经济周期、信用风险等。

导入案例：

兴业银行供应链金融平台

兴业数金自主研发的数字供应链项目，通过兴业银行供应链金融平台与核心企业、供应商实现数据互联互通，引入外部征信、工商、历史交易等大数据分析，辅以产业链结算路径锁定，为供应链客户提供线上信用融资。该产品实现了从业务申请、授信审批到放款出账全流程线上化、自动化操作，只需用户一键申请，系统自动快速完成申请受理、额度审批、融资放款、款项支用四步操作，大幅缩短全流程业务办理时间，极大提升客户的融资体验。

一、主要特点

契合兴业银行数字化转型方向，以打造数字化转型标杆项目为目标，数字供应链项目在业务流程设计、风险控制及系统开发建设层面进行了统一的科学规划，综合运用数据分析和智能风控手段，迈出了供应链数字化转型探索的重要一步。

1. 流程层面，核心企业协同驱动，全线上化流程设计

一是核心企业 ERP 系统与本行系统互联互通，通过系统协同推动业务开展，签署合作协议以承担数据真实性风险，履行结算资金回行义务，保障数字供应链项目的有序开展。二是设计了全线上化操作流程，主要包括预审批额度申请及受理、正式额度申请及额度审批、融资放款申请及审核、款项支用申请及审核、存续期预警及回款管理等业务办理流程。整体业务流程简单顺畅，围绕核心企业推荐的供应商，提供全线上化操作服务体验。业务办理流程的平均耗时由过去的数个小时降至半小时内，极大提升了客户贷款申请与发放效率。

2. 风控层面，搭建了包括双重限额管控、智能模型审批、多维风险预警、链控风险熔断等全流程的风险管理架构

一是双重限额管控，一方面结合核心企业自身的信用风险及经营情况设置了整个产业链客户群的数字供应链融资额度上限，核心企业上游供应商获批的敞口额度总和不得超过该限额；另一方面对单一供应商全线上系统自动审批的敞口额度设置上限，对于敞口额度超过一定限额的业务，须引入线下人工复审机制，确保审批额度的准确性和合理性。二是智能模型审批，依托核心企业与供应商间的销售、结算及应收账款周转等共性交易数据，针对先进制造业、工业互联网集采平台和大型商超等不同行业客户特点，差异化地设置了预期增长率、贷销比、动态费率等个性化调节因子，由系统模型自动核定供应商的主体授信额度、敞口额度和可用敞口额度。三是多维风险预警，全面持续监测，引入常规风险预警、否决模型预警和业务模型预警三重预警机制，由系统自动按月进行动态预警监测，并根据预警级别联动采取暂停增额申请、冻结可用额度和停止回款支用等措施。四是链控风险熔断，以核心企业搭建的整体产业链上游客户群为监测目标，从供应商合作数量和融资金额两方面设置相应的风险容忍度阈值。对于触发不同风险容忍度阈值的情况，以整个产业链客户群为对象，分别采取暂停业务办理的措施，并经总、分行敏捷工作小组评估决策后对方案作出调整，方可继续开展业务。

3. 系统层面，搭建专业化协作平台，支撑数字供应链敏捷迭代创新

秉持"场景化、数字化、智能化"服务理念，以"科技+业务+数据+模型"为抓手，构建由新业态驱动、大数据支撑、网络化共享、智能化协作的数字化供应链金融平台，深入推进银企合作，赋能产业链发展与转型。通过整合产品流程，提高业务效率，促进从基础服务向综合化、个性化服务转变，有效解决产业链上下游企业融资难题。重点聚焦先进制造业、大型集采工业互联网平台和民生消费行业等国家重点支持的行业领域，已落地多家大型核心企业。

二、应用效果

数字供应链探索以交易数据为核心要素的业务发展模式，为供应链业务的数字化转型迈出了新的一步。以某电商合作为例，该电商作为新零售产业的代表，近年来高速发展，服务区域从福建逐步扩展到全国。但新零售产业呈现交易频率高、账期短、凭证电子化、交易信息数据化等特点，如何实现对供应商的扶持成为新零售平台的关注点。兴业生态银行体系实现"兴享"供应链平台与该电商供应链平台的创新融合，通过数字供应链产品创设"旺季支持额度"，为供应商提供一站式供应链金融服务。该产品从贷款申请到发放耗时不到半小时，迅速解决了供应商融资难、融资慢等问题，已累计服务该电商上游供应商超百家，提供融资支持超亿元。

产品自2021年9月上线以来，已成功对接核心企业数十家，包括先进制造业客户、集采平台行业客户，以及大型商超行业龙头等，客户群覆盖面涉及上市公司、央企和大型民营企业等各类型。通过聚焦重点行业，服务重点区域，探索推动重点客户群"数字供应链"业务模式的创新，通过核心企业，加速供应链上下游企业的引入，极大提升获客效率以及降低内外部融资成本，实现融资业务的快速增长。

4.1　供应链金融发展历史

供应链金融的发展，主要经历了以下五个阶段。

1. 供应链金融1.0

供应链金融1.0是供应链金融最原始的业务模式。在这种模式下，供应链不再依赖于某一家核心企业的信誉，而是借助多家上下游企业的共同参与，从而实现了更加灵活的融资方案。这些参与者可以利用存货、应收账款票据等作为抵押物，从而更加便捷地从金融机构处获得贷款。供应链金融1.0模式可以满足企业的短期融资需求，有助于提高企业的流动性，但其灵活性有所欠缺，不能满足供应链中不同环节的融资需求。尽管商业银行可能会对核心企业的信贷状态进行调查并对供应链各方进行深入调研，但它们很可能会忽略小型企业提交的应收账款票据及其相关的存货，从而导致可能面临重复质押问题。由于传统的供应链金融1.0模式是通过实体渠道运营，所以运营成本和运营风险都比以往更加高昂。此阶段的融资数据相对分散，全过程须线下处理，银行审批难度大、风险高，导致企业获得融资的效率低。

2. 供应链金融2.0

随着科技的发展，供应链金融的业务从传统的地面服务转向新的发展方向。这种新的业务方向依托于互联网、云计算、大数据等前沿技术，旨在推动小微企业的发展，并且能够让企业获得更多的融资机会。随着供应链金融2.0的出现，银行能够利用互联网信息系统，收集到供应链内部每一家公司的完整资料，使得它们能够更准确、全面地把握整个供应链的运营状态。此外，由于采用了新技术，银行也能够避免出现票据重复质押或者质押存货数量被虚报的问题，大大提高了其审计能力，使其能够更好地把握市场动态，并且能够及时发出预警，提高客户的满意度。通过这种方式，我们可以大幅减少风险。

在供应链金融 2.0 模式下，银行依旧是供应链金融的资金供给方，但通过互联网技术的应用，银行可以更快速、更便捷地为小微企业提供融资支持。银行可以通过互联网信息处理平台来评估小微企业的信用风险，并根据企业的实际情况为企业提供不同的融资方案。此阶段的融资数据全面线上化，数据种类增加，银行尝试多元化，融资效率有所提升，但仍难以满足企业需求。

3. 供应链金融 3.0

随着供应链金融 3.0 模式的出现，供应链金融的定位已经从传统的融资转向更加重视企业的交易活动。这一转型的成功实现，主要体现在构建一套依托网络的、可视化的、可溯源的、可持续的、可监督的软件配置体系（software configuration management，SCM），从而更加高效、安全。由于采用第三方企业的电子商务服务，能够收集到全面的供应商数据，包括客户的订购情况、货运情况及价格变动，从而实现超越供应链金融 2.0 时代的 SCM。同时，该平台也能够涵盖仓库和物流行业，以满足参与者的需求，并且能够给予它们更多的支持。核心企业无须再依赖于传统渠道，而是能够利用第三方企业服务平台来实现对供应商的实时监控，从而更好地满足其经营需求，并且能够从中受益。同时，供应链金融 3.0 模式还包括供应链金融风控服务，通过大数据和人工智能技术，对供应链中的风险进行监测和预警，避免供应链金融风险的发生。此阶段的融资数据初具规模，银行平台化，服务企业多，信息不透明，效率进一步提升，但仍难以保证实时性。

4. 供应链金融 4.0

随着前沿科技的不断发展，供应链金融迈入了 4.0 时代，这一模式已经成为我国企业最常用的融资服务方式。它将供应链金融与人工智能、物联网、大数据等前沿技术相结合，极大地提升了供应链金融的效率和安全性，从而实现了供应链金融 3.0 模式的升级。在这一模式下，物联网技术可以实现对供应链中货物流动的实时监测和跟踪，使得供应链金融的风险控制更加精准和可靠。同时，人工智能技术可以对供应链中的数据进行更精细的分析，提高供应链金融的决策效率和准确性，为企业提供更加个性化的融资服务。

供应商金融服务 4.0 的核心优势在于，其来源已经从传统企业和一些银行扩展到更多第三方电子商务服务提供者，从而改善了传统的间接融资形态，更加便捷地为企业提供更多融资渠道。随着技术的发展,供应商金融服务已经极大地改变了传统的融资方式,使得电商企业能够利用它们的金融服务子公司、互联网金融服务公司等,更加有效地支持企业的发展,并且能够带动各个行业的发展,达到双方的利益最大化。腾讯微企链、盛业资本供应链金融等采用的都是供应链 4.0 模式。此阶段的融资数据已全部标准化,银行全面实现线上化,支持实时审批、实时交易,企业能够快速获得融资且信息透明。

5. 供应链金融 5.0

供应链金融 5.0 模式是我国供应链的未来发展方向,目前只有少数供应链企业采用这种业务模式。供应链金融 5.0 模式是在供应链金融 4.0 模式的基础上,进一步实现了供应链金融的全球化和社会化。在这一模式下,区块链技术和数字货币的应用,实现了全球供应链金融的无缝连接和交易结算,同时也推动了金融服务的社会化,使得更多的企业和个人可以通过区块链平台进行融资和投资,降低了融资成本和门槛,推动了金融服务的普惠化。此外,供应链金融 5.0 模式还包括了社会责任的履行,通过对供应链中企业的社会责任履行情况进行监督和评估,促进供应链中企业的可持续发展和社会责任意识的提高。供应链金融 5.0 模式的特点如下。

特点一:高度智能化。供应链金融 5.0 模式通过人工智能技术的应用,可以对供应链中的各个环节进行智能化的管理和协调,从而提高了供应链的效率和稳定性。例如,银行可以通过人工智能技术自动化地评估小微企业的信用风险,快速审批贷款申请,同时也可以通过智能合约等技术自动化地完成合同签署、交易结算等流程。

特点二:供应链金融 5.0 模式通过区块链技术的应用,实现供应链中信息的去中心化存储和共享。这样可以保障供应链中各方的信息安全和隐私,同时也可以避免信息篡改和造假等问题的发生。通过引入区块链技术,我们还能够实时监测和跟踪供应链中的交易信息,这大幅提升了供应链金融的透明度和安全性。

特点三:供应链金融 5.0 模式实现了供应链金融业务的内部整合。供应链金融可以更加有效地整合各个环节,从而使得整个供应链更加高效、灵活。这一模式的最大优势是,它可以为供应链的各个环节提供有效的支持,从而更好地掌握物流、库存等重要数据。这样可以帮助供应链中的各方更好地掌握供需情况,及时调整生产和物流计划,从而提高了供应链的效率和灵活性。

特点四:多元化的资金来源。供应链金融 5.0 模式可以通过区块链等新技术的应用,实现对供应链中资金流动的实时监控和跟踪。在这种模式下,以核心企业作为资金来源,供应链上的企业可以凭借由核心企业应收账款及存货等生成的数字交易凭证向核心企业融资。此外,也可以吸引更多的资金提供者参与到供应链金融中来,如机构投资者、个人投资者等。

特点五：采用数字交易凭证质押。供应链金融 5.0 模式依托区块链技术对链上交易活动签发数字交易凭证，企业可以将数字交易凭证作为资产进行质押。供应链金融 5.0 模式为供应链金融带来了前所未有的变革，它不仅可以满足多级供应商和经销商的融资需求，还通过引入区块链技术，将核心企业签发的交易票据转换成数字交易凭证在供应链内部流通、转让和支付，从而大大提高了供应链内部的流动性、便捷性和安全性，使得多级供应商和经销商可以获得融资，进而有效改善供应链上企业的财务状况。

4.2 突出运营主体的供应链金融模式

4.2.1 以 B2B 电商交易平台为代表的供应链金融

以 B2B 电商交易平台为代表的供应链金融模式，是通过 B2B 电子商务平台，发挥核心企业的优势资源，满足贸易各个环节的融资需求，提升生产和流通效率。当每个环节都顺畅流通后，所在行业的整个供应链也随之活跃起来。由于 B2B 平台拥有企业的交易数据、物流信息和资金数据等，更容易对供应链上下游企业进行增信。这个模式的典型代表有找钢网、慧聪网、敦煌网等。

以找钢网供应链金融模式为例，找钢网采用的是互联网+供应链金融模式，如图 4-1 所示。

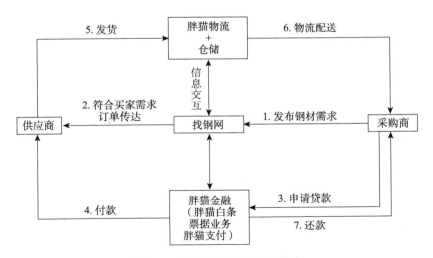

图 4-1 找钢网供应链金融模式

胖猫白条：针对采购商，可以通过申请白条来支付采购订单。

票据业务：针对采购商/供应商，使用商业银行开具的承兑汇票来支付订单或融资。

胖猫支付：针对采购商，可以申请使用胖猫的在线支付（胖猫金融是找钢网旗下的金融公司，负责操盘整个供应链金融业务）。

胖猫理财：面向公众的理财产品，主要在胖猫宝的微信公众号上发布。

细究上图几款产品背后的运作，其运作模式梳理如图 4-2 所示：

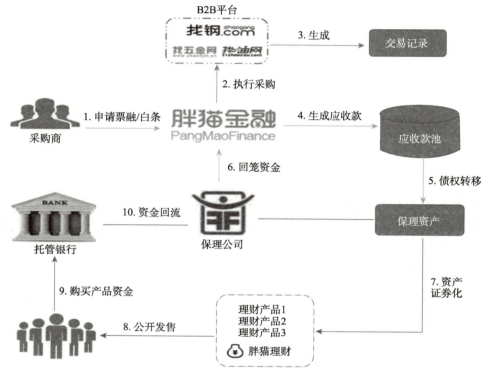

图 4-2 找钢网产品的运作模式

模式说明：

（1）当采购商在"找钢网""找油网""找五金网"进行采购时，可以申请胖猫金融的"白条"来支付，或者使用"票据融资"获得资金来支付。

（2）当交易完成后，B2B 网站形成了真实的交易记录。

（3）胖猫金融因为出售"白条"或"票融"时，产生了应收款，汇集成了"应收款池"。

（4）胖猫金融选择与保理公司合作，将"应收款"按项目分批次卖给保理公司，实现债权转移，并同时实现资金回笼。对于胖猫金融，一方面是通过"白条""票融"给采购商/供应商放贷；另一方面再把债权卖给保理公司回笼资金，从而有效地实现了资金的闭环流动，满足了资金的流动性需求。

（5）保理公司再将接收到的保理资产进行资产证券化，变成公众可以购买的理财产品。其中，资产证券化是指以基础资产未来所产生的现金流为偿付支持，通过结构化设计进行信用增级，在此基础上发行资产支持证券（asset-backed securities，ABS）的过程。

（6）公众通过购买理财产品，使得资金通过托管银行再次回流到保理公司。这样，保理公司有效地实现了资金的闭环流动。

胖猫的几个产品看起来很简单，但通过实际运作，有效地实现了资金的闭环流动。其产品的资金流动甚至不需要银行的资金参与（当然，实际运作中，肯定会动用到银行的授信）。简单来说，授信是指银行向客户直接提供资金支持，或对客户在有关经济活动中的信用向第三方作出保证的行为（资金用于补充流动性）。这也是目前"互联网+供应链金融"与传统供应链金融的一个显著区别。

4.2.2 以阿里、京东为代表的供应链模式

这个模式主要是利用企业在平台上的交易记录来对企业进行风险评估，贷款金额也根据企业的信用级别来发放。这个模式的典型代表就是阿里、京东、苏宁云商等。以京东金融为例，"京保贝""京小贷"和"动产融资"目前是其核心的信贷融资产品。其中，"京保贝"是京东金融推出的一项应收账款池融资业务，帮助供应商解决融资难、放款慢、应收账款周转周期长的问题，全流程更加流畅、方便、快捷，更易于客户操作。"京保贝"无须抵押和担保，通过线上即可完成自动化放贷，适用于多种供应链模式。

阿里、京东模式融资门槛低、审批快、还款方式灵活，是能有效整合多种融资需求的供应链金融解决方案。

以京东金融供应链金融为例（京保贝）：京东是国内大型的电商平台之一，其依托京东商城积累的交易大数据，以及自建的物流体系，在供应链金融领域已经取得了飞速发展。

京保贝是根据供应商与京东商城的应收账款，从采购订单、入库至结算单付款前的全部单据形成应收池，并根据大数据计算得出的风控模型计算出供应商可融资额度，客户在可融资额度内任意融资，系统自动放款。融资成功后，开始按日计息，直至该笔融资还款成功。

"京保贝"是京东首个互联网供应链金融产品，也是业内首个通过线上完成风控的产品。京东拥有供应商在其平台上采购、销售等大量的财务数据，以及此前与银行合作开展应收账款融资的数据。通过大数据、云计算等技术，对数据池内的数据进行整合分析，从而建立平台最初的授信和风控系统。

具体模式流程整理如下：①京东与供应商之间签订采购协议，确定稳定的合作关系，从而获取长期的真实交易数据。②由供应商向京东金融提交申请材料，并签署融

资协议。③以过往的交易数据和物流数据为基础，系统可以自动计算出对申请供应商的融资额度，之后京东金融将批准的额度告知供应商。④供应商在线申请融资，系统自动化处理审批并在核定额度范围内放款。⑤京东完成销售后，向其金融部门传递结算单，自动还款，完成全部交易过程。

京东金融的融资流程：①核定额度：当供应商确认办理供应链金融业务后，供应链金融业务专员将发送邮件给供应商，告知其最高融资额度。融资总金额须小于或等于最高融资额度。②银行开户：供应商在获得最高融资额度后，到京东指定业务受理银行开立融资专户。③提交融资申请：供应商完成开户后，即可办理融资业务。每次融资时，应向采销同时申请，确认进行融资的采购订单等事项。④核对结算金额：供应商选定采购订单后，应与采销同时核对结算金额。⑤提交结算申请单：采销负责人在京东系统中提交结算申请单，先勾选供应链金融结算，再选择付款结算申请。⑥结算单审批：融资资料提交以结算单在系统完成审批为前提，审批进度影响放款进度，须由供应商和采销负责人沟通。⑦融资资料准备：在结算单提交后，供应链金融专员准备融资资料，融资内容以结算单信息为准。⑧审核通过、提交资料：结算单审核通过后，供应链金融专员向银行提交准备好的融资资料，跟进放款进度。⑨银行放款、京东还款：银行审核融资资料无误后，放款给供应商。到期日，京东为供应商还款给银行。授信是指银行向客户直接提供资金支持，或对客户在有关经济活动中的信用向第三方作出保证的行为。

苏宁供应链金融设计开发了账速融、信速融、货速融、票速融、乐业贷等多种融资产品，涵盖了应收账款融资、订单融资、存货融资、票据融资、信用融资、采购贷款等各种融资类型。对于供应链金融中的核心资产——应收账款，苏宁金融的账速融产品提供单笔应收账款融资和保理池融资两种服务。苏宁金融采用动态授信的形式，为企业提供供应链全流程的资金支持。苏宁推出的"账速融"采用了池融资的方式，将供应商日常变动频繁且分散的应收账款汇集起来，形成规模化的应收账款池。企业在"池"内总额限度内进行融资，并以应收账款池的持续回款作为还款途径。

依托大数据，苏宁企业信贷平台与后台系统全面打通，建立了完备的客户历史交易数据库，实时、准确地掌握企业在供应链各节点的资产变化情况。此外，苏宁企业信贷建立了强大的信用模型，系统在线实时获取客户相关信息和数据，以客户与苏宁的贸易往来及合作情况为依据，将供应商的订单满足率、库存周转率、物流配送能力等全部纳入信用模型中，作为对企业授信的依据，并结合企业资产池价值，计算出企业最终的可融资额度。账速融产品可将供应商零散的应收账款汇集成资产池，企业在线开通"账速融"业务后，只要发货入库，对应的库存价值即可计入资产池额度，可以说实现了"入库即融"；企业可在额度内随时支用，系统进行自动化审核并且放款，资金即时到账，客户可以享受到自动审批、快速放款的融资便利。"账速融"突破了单笔应收账款融资限制，将全面盘活企业频繁发生的各类分散账款，保障企业的资金流动性，激发出整个供应链体系的活力。

4.2.3 ERP 公司转型的供应链金融

ERP 系统自 20 世纪 90 年代引入我国以来，目前已成为企业信息化的重要组成部分。供应链的管理也非常需要应用 ERP 系统。ERP 系统不仅可以节约企业的管理成本，整合供应链中的多个企业数据进行统一管理，也能为金融机构设计融资产品创造新的突破口。这也促使很多软件公司进行转型，构建基于 ERP 系统的供应链金融操作模式。比如，用友、畅捷通平台、金蝶、鼎捷软件、南北软件等企业，采用先进的信息化管理手段，使得基于供应链管理的相关业务更加便捷，降低供应链金融中的风险。

以用友供应链金融为例，其模式如图 4-3 所示。

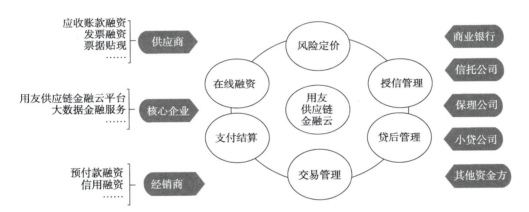

图 4-3 用友供应链金融模式

用友早在 2016 年便开始供应链金融的布局。2016 年 10 月，用友网络成立了供应链金融事业部，并于 2017 年 3 月实现了供应链金融、大数据风控和融资咨询服务三大平台的上线。用友供应链金融是连通企业产业链，为核心企业及其上下游企业提供综合性金融服务的云平台。在操作过程中，用友供应链金融云平台前端对接核心企业的 ERP 系统、财务系统、采购平台、销售平台等，通过与这些系统对接，获取真实交易数据；后端对接资金方，包括商业银行、信托、基金、保理公司等，根据企业的存货、财务、贸易等数据，经过多维度分析，为企业授信、融资、贷后监控提供数据支持，实现资产端和资金端的深度融合，为供应链上下游中小企业提供融资服务。其中，核心企业主要针对信息化程度较高，有强烈供应链金融意愿，并对上下游客户有一定的准入、退出机制以及相应激励和约束管理的中大型企业。当核心企业正式与投资方开展供应链金融"深入接触"后，再从其上下游客户中选择一批较为优质的中小企业提供融资服务。

从供应链金融发展需求的角度来看，建立在 ERP 系统上的供应链金融操作模式有着天然的优势。

（1）从供应链管理的角度来看，ERP 系统可以整合供应链中多个企业的数据进行共同管理，加强了供应链中各企业的联系。

（2）从金融机构的角度来说，目前市场上传统的融资产品竞争激烈，产品趋同，同时与企业之间的信息不对称难以打破。而通过 ERP 系统接入供应链金融服务，以企业真实的运营管理信息为基础，为金融机构设计定制化的融资产品提供了新的突破口。

（3）从企业自身运营的角度来看，基于 ERP 系统的供应链服务体系的搭建，也可以为企业经营提供更多的方向，并有助于节约管理成本。

同时，许多软件公司提供的 ERP 软件理论上能够知晓公司的运营和财务情况，有助于了解公司信息。若供应链上更多的公司使用该软件，则可以通过公司间的数据进行交叉验证，有助于供应链金融的扩展。因此，各类数据软件公司也参与到供应链金融中来，本质是通过掌握公司的运营数据，建立公司征信数据，对公司的信用情况进行评级，从而有利于控制放贷风险。

4.2.4 物流公司业务延伸的供应链金融

物流作为连接供应链上下游的重要交付环节，其服务价值已经从单纯的物流服务逐渐延伸到电子商务、金融等衍生服务。近年来，供应链金融成为一些大型物流公司业务拓展的重要领域，比如怡亚通、顺丰、申通、德邦等公司，都开始通过物流、资金流和信息流的结合，进入供应链金融。怡亚通在去年对外发布了最新的"供应链 3＋5 生态战略"，利用其后台的 IT 系统、物流网以及其全球商品采购能力，构建一个新的流通生态圈。顺丰也推出了顺丰仓储融资、保理融资等服务，增强其行业竞争力。

以怡亚通供应链金融为例，研究发现，怡亚通以一站式供应链管理服务为产业基础，开展存货融资业务及相关的外汇衍生交易等业务，将物流主业与金融业务有机融合，大大提高了企业的盈利能力。

1. 产业基础：一站式供应链管理服务

相比本土传统的供应链管理服务商，怡亚通最大的特点在于其一站式供应链管理服务。传统的供应链服务商，大多只是在供应链的单个或多个环节上提供专业服务，如物流服务商、增值经销商和采购服务商等。

物流服务商主要提供物流运输服务，增值经销商主要提供代理销售服务，采购服务商主要提供代理采购等服务。怡亚通通过整合供应链的各个环节，形成集物流、采购、分销于一体的一站式供应链管理服务，在提供物流配送服务的同时还提供采购、收款及相关结算服务。与传统的增值经销商和采购商相比，怡亚通一般不保有大量存货，避免了存货风险，降低了存货成本。同时，传统的增值经销商和采购商只在有限范围内为企业提供结算支持服务，采购商一般也不参与客户的营销支持活动。

2. 产融模式：开展存货融资及外汇衍生交易

如果仅仅是一站式供应链管理服务模式，那么怡亚通与传统供应链服务商的区别只是服务链的延伸，并没有实质性的突破。而研究发现，在一站式供应链管理服务的产业基础上开展金融业务的模式，才是该公司的核心价值所在。怡亚通的产融运作模式，使其俨然像一家小型银行，将银行借贷资金通过供应链管理服务方式投放给客户，并从中赚取"息差"。同时，针对外汇结算业务开展金融衍生交易以对冲外汇风险。

3. 不断提高应收款周转次数以获取更高的息差收益

金融业务的开展，依托的载体是一站式供应链管理服务中的两项核心业务，即分销和采购。资料显示，怡亚通获得采购商的委托合同后，即在其客户资源信息系统内选择合适的供应商，并通过电汇、信用证或保函方式代客户垫付货款，其后在将货物运送至客户时收取货款，如图4-4所示。

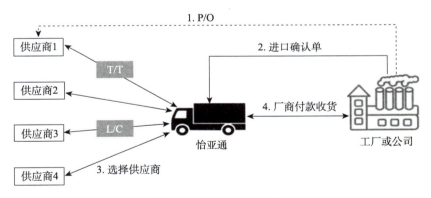

图 4-4　怡亚通采购业务

对于分销商（生产商）而言，当怡亚通为其承运货物时，怡亚通代采购商预付货款，使得分销商（生产商）能够及时收回资金，投入下一轮再生产。据招股书披露，怡亚通的代付额度通常占总业务量的 20%~30%。通过代付业务，采购商不仅及时有效地获得生产所需的物资，还避免了预付大量资金的风险，如图4-5所示。

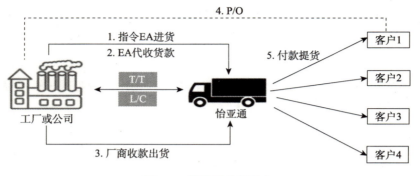

图 4-5　怡亚通分销业务

怡亚通目前采用的是以交易额为基准的浮动收费法，即根据业务量（交易额/量）的一定比例收取服务费。这一模式使怡亚通与采购商、供货商从传统的客户关系发展成利益共同体，即其通过整合企业供应链环节，提高企业供应链效率和市场竞争力，从而提高企业业务量（交易额/量），同时增加本公司的服务费收入，如图 4-6 所示。另外，怡亚通的收费模式与固定收费法相比更具发展潜力（不受固定费率的限制），而与以企业效益为基准的浮动收费法相比，公司的收费模式风险更小，不承担企业的经营风险。

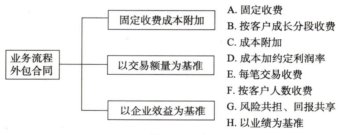

图 4-6　怡亚通业务模式

怡亚通通常与客户签订一定期限的供应链管理综合服务合同，根据合同提供量身定制的个性化服务，基于业务发生金额和提供服务类型，按一定比例收取服务费。由于业务的多样化及非标准化，怡亚通没有一个标准化的费率水平，但一个基本的原则是，服务层次越多、涉及供应链链条越长，提取的服务费率就越高。

4.2.5　传统制造业转型的供应链金融

对于一些传统制造业来说，由于这些企业有着深厚的行业背景和资源，利用其行业优势来发展供应链金融，能为企业拓展收入来源。比如，五粮液、蒙牛、梦洁家纺、海尔、格力、TCL、美的、联想等企业，纷纷开始布局供应链金融，这对企业本身和行业来说是一种双赢。对企业来说能直接赚取收益，提升企业综合竞争实力，而对行业来说，从行业领军企业摇身转变成供应链金融服务商，能帮助供应链上下游中小企业良性运营，带动产业的持续发展。

以海尔供应链金融为例，得益于移动互联网和大数据技术的发展，作为交互用户体验引领下的开放平台，日日顺可以将其拥有的客户群体和规模庞大的经销商数据与中信银行或平安银行平台连接，成为银行授信的重要依据。海尔与银行的合作，整合了银行的资金、业务以及技术的专业优势和海尔集团分销渠道网络、交易数据及物流业务等要素的雄厚积淀。通过日日顺的交易记录，产业与金融通过互联网的方式集合在一起，开拓了针对经销商的"货押模式"和"信用模式"两种互联网供应链金融业务。这两种互联网供应链金融产品的差异在于："货押模式"针对经销商为了应对节日（如"五一"假期、"十一"假期、春节假期等）消费高峰，或抢购紧俏产品/品种，或每月底、每季末为了完成当月或季度计划而获得批量采购折让进行的大额采购所实施的金融解决方案；"信用模式"则是针对经销商当月实际销售产生的小额采购所实施的金融解决方案。

"货押模式"的具体操作流程是（见图4-7）：首先，经销商通过日日顺B2B官网向海尔智慧工厂下达采购订单，之后经销商须先将30%的预付款支付至银行；经销商随后向海尔供应链金融申请货押融资，海尔供应链金融将信息传递至银行，并提出建议额度；银行审核后将款项支付至经销商监管账户，海尔供应链金融将资金（70%敞口）定向支付至海尔财务公司，由财务公司通知智慧工厂排产生产；工厂生产出成品后，发货至日日顺物流仓库，货物进入质押状态；当经销商实际需要产品时，向海尔供应链金融申请赎货，并归还剩余货款至银行；海尔供应链金融在获取全额资金支付信息后，通知日日顺仓库，货物解除质押；日日顺物流将货物配送至经销商处，并通知经销商提货。

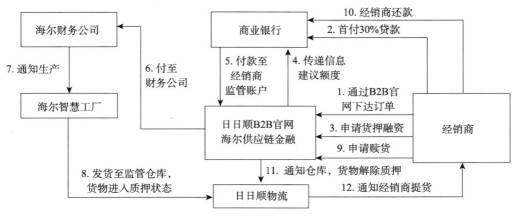

图4-7 海尔货押模式流程图

> 供应链金融

"信用模式"是海尔供应链金融和商业银行基于经销商的业务信用而提供的金融解决方案，其具体业务流程是：首先，经销商需要向海尔提供当月的预订单（即当月的意向订单）。其次，海尔智慧工厂根据预订单进行产品生产；海尔供应链金融和银行根据经销商的信用状况提供全额资金，并定向支付至海尔财务公司；海尔财务公司准许工厂发货，工厂则通过日日顺物流将产品配送至经销商处；经销商收到货物后将款项支付给商业银行（见图4-8）。

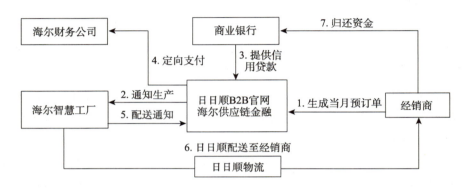

图4-8　海尔信用模式流程图

海尔供应链金融平台上线后，海尔日日顺B2B平台上的经销商无须抵押、无须担保，也无须跑银行办理手续，通过平台上的"在线融资"窗口，实现了资金即时到账，不仅方便快捷、效率高，还能享受到大企业一样的优惠利率，大大减少了利息支出。目前海尔互联网供应链金融的"货押模式"利率为年化5.7%左右，而"信用模式"则为年化8%左右，海尔互联网供应链金融通过商业银行代收获取1%的服务费。

不仅如此，海尔供应链金融和中信银行劲松路支行协同创新，充分利用银行票据管理的优势，还提供了银行承兑汇票模式，从而使经销商能够零成本获得资金。例如，在"货押模式"下，经销商在支付30%的首付后，可以向海尔供应链金融和中信银行申请开票，在支付开票费后，银行在线开具承兑汇票，并支付至海尔财务公司，之后经销商打款从日日顺物流赎货。

在整个过程中，中信银行不收取任何融资费，仅需要经销商承担5‰的开票费和代海尔供应链金融收取的1%服务费，而与此同时经销商还能享受30%首付款的存款利息。该金融产品推出后，得到了经销商的高度认同和赞许。四川西充县的一位经销商起初对该产品表示怀疑，亲自用电脑在平台上试着发出了1元钱的开票申请，而中信银行劲松路支行开具了目前中国最小金额的银行承兑汇票，成为海尔供应链金融一个标志性的样本。

4.3 突出运营业务的供应链金融模式

供应链金融的三种传统表现形态为应收账款融资、库存融资以及预付款融资。目前国内实践中，商业银行或供应链企业是供应链金融业务的主要参与者。

4.3.1 应收账款融资

在上游企业向下游企业提供赊销，导致销售款回收放缓或大量应收账款回收困难的情况下，上游企业资金周转不畅，出现阶段性的资金缺口时，可以通过应收账款进行融资。应收账款融资模式主要指上游企业为获取资金，以其与下游企业签订的真实合同产生的应收账款为基础，向供应链企业申请以应收账款为还款来源的融资。应收账款融资在传统贸易融资以及供应链贸易过程中均属于较为普遍的融资方式。通常，虽然银行是主要的金融平台，但在供应链贸易业务中，供应链贸易企业获得保理商相关资质后亦可充当保理商的角色。所提供的应收账款融资方式对于中小企业而言更为高效、专业，可省去银行的繁杂流程，且供应链企业对业务各环节更为熟知，同时在风控方面针对性更强。

应收账款融资的一般流程：在上下游企业签定买卖合同形成应收账款后，供应商将应收账款单据转让至供应链企业，同时下游客户对供应链企业作出付款承诺。随后，供应链企业给供应商提供信用贷款以缓解阶段性资金压力。当应收款收回时，融资方（即上游企业）偿还借款给供应链企业。通常应收账款融资存在以下几种方式：

1. 保理

通过收购企业应收账款为企业融资并提供其他相关服务的金融业务或产品。具体操作是保理商（拥有保理资质的供应链企业）从供应商或卖方处买入通常以发票形式呈现的对债务人或买方的应收账款，同时根据客户需求提供债务催收、销售分账户管理以及坏账担保等服务。应收账款融资可提前实现销售回款，加速资金流转，一般也无需其他质押物和担保，减轻买卖双方资金压力。保理业务期限一般在 90 天以内，最长可达 180 天。通常分为有追索权保理和无追索权保理。其中，无追索权保理指贸易性应收账款通过无追索权形式出售给保理商，以获得短期融资。保理商需事先对与卖方有业务往来的买方进行资信审核评估，并根据评估情况对买方核定信用额度；有追索权保理指当到期应收账款无法回收时，保理商保留对企业的追索权，出售应收账款的企业须承担相应的坏账损失。在会计处理上，有追索权保理视同以应收账款为担保的短期借款，如图 4-9 所示。

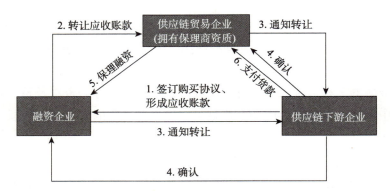

图 4-9　保理业务流程情况

2. 保理池

一般是指将一个或多个具有不同买方、不同期限以及不同金额的应收账款打包，一次性转让给保理商，保理商再根据累计的应收账款情况进行融资放款。这种方式有效整合了零散的应收账款，同时省去了多次保理服务的手续费用，有助于提高融资效率。但同时，这对保理商的风控体系提出了更高要求，需要对每笔应收款交易细节进行把控，以避免坏账风险。下游货物购买方的集中度不高，在一定程度上有利于分散风险，如图 4-10 所示。

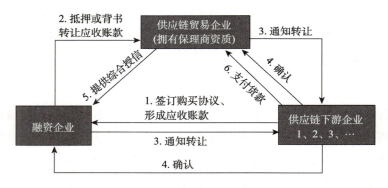

图 4-10　保理池融资业务流程情况

3. 反向保理（逆保理）

供应链保理商与资信能力较强的下游客户达成反向保理协议，为上游供应商提供一揽子融资、结算方案，主要针对下游客户与其上游供应商之间因贸易关系所产生的应收账款。即在供应商持有该客户的应收账款时，得到下游客户的确认后，可将应收账款转让给供应链保理商以获得融资。与一般保理业务的区别主要在于信用风险评估的对象转变，如图 4-11 所示。

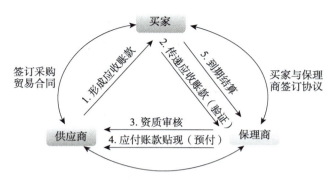

图 4-11 反向保理业务流程情况

4.3.2 存货融资

存货融资主要指以贸易过程中的货物进行抵质押融资，一般发生在企业存货量较大或库存周转较慢，导致资金周转压力较大的情况下，企业利用现有货物进行资金提前套现。随着参与方的延伸及服务创新，存货融资表现形式多样，主要为以下三种方式：

1. 静态抵质押

企业以自有或第三方合法拥有的存货为抵质押的贷款业务。供应链企业可委托第三方物流公司对客户提供的抵质押货品实行监管，以汇款方式赎回。企业通过静态货物抵质押融资盘活积压存货的资金，以扩大经营，货物赎回后可进行滚动操作，如图 4-12 所示。

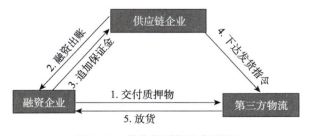

图 4-12 静态抵质押业务流程

2. 动态抵质押

供应链企业可对用于抵质押的商品价值设定最低限额，允许超过限额的商品出库。企业可以以货易货，一般适用于库存稳定、货物品类较为一致，以及抵质押货物核定较容易的企业。由于可以以货易货，因此抵质押设定对生产经营活动的影响较小，对盘活存货作用较明显，通常以货易货的操作可以授权第三方物流企业进行，如图 4-13 所示。

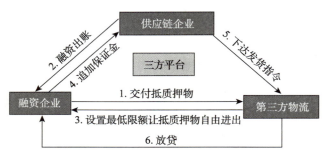

图 4-13　动态抵质押业务流程

3.仓单质押

仓单质押分为标准仓单质押（见图 4-14）和普通仓单质押（见图 4-15），区别在于质押物是否为期货交割仓单。其中，标准仓单质押指企业以自有或第三方合法拥有的标准仓单为质押物进行的融资业务，适用于通过期货交易市场进行采购或销售的客户，以及通过期货交易市场套期保值、规避经营风险的客户。其手续较为简便、成本较低，同时具有较强的流动性，便于对质押物的处置。普通仓单质押指客户以由仓库或第三方物流公司提供的非期货交割用仓单作为质押物，并依据仓单进行融资出账。该仓单具有有价证券性质，因此对出具仓单的仓库或第三方物流公司的资质要求很高。

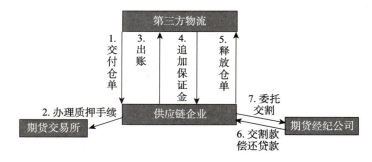

图 4-14　标准仓单质押业务流程

从目前市场情况来看，在存货融资过程中，通常供应链企业为避免因市场价格波动或其他因素导致库存积压，在库存环节单纯就库存商品对中小企业进行融资的情况较少，更多的是在采购或者销售阶段得益于整体供应链环节紧密相扣即可对库存进行控制，因此，中小企业更多地通过其他渠道进行库存融资。此外，一般供应链业务中因上下游的协调配合，库存周转较快，单独以库存融资的情况相对传统贸易融资较少。

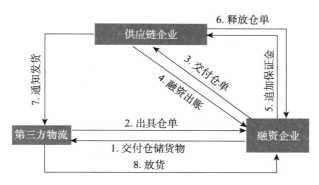

图 4-15 普通仓单质押业务流程

4.3.3 预付款融资

在存货融资的基础上，预付款融资得到发展。买方在交纳一定保证金的前提下，由供应链企业代为向卖方支付全额货款。卖方根据购销合同发货后，在货物到达指定仓库后设定抵质押，作为代垫款的保证。在产品销售较好的情况下，库存周转较快，因此资金多集中于预付款阶段。预付款融资时间覆盖上游排产及运输时间，有效缓解了流动资金压力，货物到库可与存货融资形成"无缝对接"。一般在上游企业承诺回购的前提下，中小型企业以供应链指定仓库的仓单向供应链企业申请融资来缓解预付款压力，由供应链企业控制其提货权的融资业务，一般按照单笔业务来进行，不关联其他业务。具体过程中，中小企业、上游企业、第三方物流企业以及供应链企业共同签订协议。一般供应链企业通过代付采购款方式对融资企业融资，购买方直接将货款支付给供应链企业。预付款融资方式多用于采购阶段，其担保基础为购买方对供应商的提货权。目前国内供应链贸易企业中常用的方式为先票/款后货贷款，如图 4-16 所示。

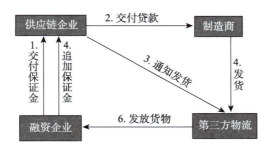

图 4-16 先票/款后货贷款业务流程

在供应链贸易业务中，供应链企业可提供预付款融资服务，尤其在较为成熟的供应链中，当中小企业在采购阶段出现资金缺口时，向供应链贸易企业缴纳保证金并提供相关业务真实单据。供应链贸易企业在核实商业供应商资质后，代替中小企业采购货物，并掌握货权，随后由中小企业一次或分批次赎回。按照中小企业与供应链企业签订的具体协议以及双方合作情况，货物可由供应商直接运送至中小企业，或运送至供应链贸易企业指定的仓库。在此情况下，供应链贸易企业可在采购、物流、仓储及销售阶段实质性掌握货物控制权。

4.4 供应链金融风险环节

供应链金融在较完善的供应链网络中可通过紧密的合作关系解决各环节资金问题，较大地缩短现金流周期并降低企业运营成本，但这是一把"双刃剑"，在提高供应链企业运营效率的同时，也对其经营产生一定的风险因素。可以从两方面对供应链金融风险进行阐述：一方面，供应链企业提供金融类服务时（如保理、贷款等），将面临不同的外部风险，可能对经营产生影响；另一方面，供应链金融业务嵌入企业经营业务（应收账款融资、库存融资以及预付款项融资模式）中，可能导致经营及财务状况存在一定的内部风险。

4.4.1 供应链金融外生风险

一般指外部经济周期、金融环境及相关政策发生变化，对供应链金融造成的影响。我们主要从宏观经济周期、政策监管环境以及市场金融环境三方面来分析。

1. 宏观经济周期

供应链金融在一定的经济环境中运行。金融活动涉及不同产业、融资平台以及流动性服务商，相较于单环节运行的传统贸易业务，其涉及范围较广。一旦经济状况出现波动，将导致供应链金融模式中的各环节主体面临较大的风险，从而导致整体供应链资金风险加剧。尤其在经济出现下行或衰退时，市场需求疲软，供应链中的企业面临生存和经营困难，甚至破产等问题，最终导致金融活动丧失良好的信用担保。

2. 政策监管环境

传统金融活动主要由商业银行等金融机构主导。随着市场的快速发展以及企业的快速扩张，为满足市场业务发展需求，金融工具不断创新。同时，在政策监管的允许下，非金融类企业在取得相应资质后可经营金融类业务，并受到相关法律及监管条例的约束，例如，供应链贸易企业可从事保理、贷款及融资租赁业务。一旦政策监管环境发生变化，或对供应链贸易企业提供的金融业务的监管力度加大或约束范围扩大，将对供应链金融活动产生不利影响。

3. 市场金融环境

供应链金融业务的盈利主要来源于息差收入。当供应链企业获取的融资成本远小于其从事供应链金融业务所获得的利息收入时，供应链金融业务的利润空间较大。一旦市场流动性偏紧，金融环境恶化导致资金成本上涨，供应链金融业务的融资费用增加，尤其是在市场利率出现较大波动的情况下，供应链金融业务的利润收缩，甚至可能导致供应链各环节企业资金紧张，融资款项无法收回。

4.4.2 供应链金融内生风险

供应链企业在经营过程中结合具体业务模式，在采购、库存以及销售阶段提供不同的融资模式，将资金风险转移到自身，并获取毛利率高的资金收益，我们具体从经营以及财务两方面风险进行分析。

1. 经营风险

（1）供应链关联度风险。较为完善的供应链体系整合度较高，资金流转在供应链业务中形成闭环。供应链企业可通过对各环节的跟踪管理来控制供应链金融风险，同时要求供应链采购、生产、销售、仓储及配送等各环节在涉及的贸易业务领域上具有较高的关联度，以形成紧密、配合顺畅的合作关系。而一旦供应链企业关联度低，融资环节出现缺口导致风险不可控，可能会对供应链金融业务参与企业的经营造成损失。

（2）供应链上下游企业信用风险。供应链上下游企业的信用状况在一定程度上反映出其偿债意愿以及偿债能力，良好的资信状况是供应链金融业务正常运转的前提。中小企业资信状况相对于大型企业通常较差，加之我国征信体系尚不健全导致违约成本不高，容易出现债务偿还延缓或回收困难，供应链金融风险加大。

（3）供应链贸易背景风险。在虚假的供应链贸易融资背景中，通过提供虚假的业务单据和货物凭证来获取融资，而资金则被转移至其他投机或投资业务，导致供应链企业所提供的金融服务产生巨大资金损失。

（4）供应链管理及运营风险。从供应链管理角度来看，供应链各环节的有效整合管理是供应链金融业务正常运转的基本前提。供应链企业通过其专业的管理能力促使各环节主体的紧密配合以及协调统一，同时也对供应链企业的专业水平提出更高的要求。一旦供应链企业在运营过程中出现管理机制问题，可能引发供应链风险失控，从而对供应链经营造成一定冲击。从供应链企业运营角度来看，供应链上下游各环节企业自身的运营状况决定了供应链业务的正常运作。一旦某个企业经营恶化，造成商流、

物流及信息流的不连贯，触发资金流的断裂，供应链金融业务链必将随之崩塌。

2. 财务风险

（1）资产流动性风险。供应链企业通过赊销和垫付等模式为链条上的中小企业提供融资服务，导致企业出现较大规模的预付款项和应收账款。资金的提前支出与延迟回收降低了企业资金效率并易造成企业阶段性的经营资金压力。当大规模的预付和应收类款项出现问题或可能出现流动性问题时，不利于企业业务拓展。

（2）债务融资风险。供应链企业在提供金融服务的同时，自身对外部资金需求较大，通过债务融资的滚动维持金融业务的发展。在具体过程中，企业依托自身良好的资信情况以及整体供应链作为潜在的担保基础，向银行等机构获取借款，再通过供应链贸易业务或金融业务将资金放贷至其他中小企业以获得资金套利。因此，供应链企业债务负担较重，随着业务规模的不断扩大，杠杆水平持续增高，可能对后续的再融资业务形成限制，高杠杆、重债务的经营模式将加剧供应链金融风险的暴露。

（3）现金流风险。大量的垫资和赊销业务导致企业资金出现较大幅度的流出，且回收期限延缓，不利于流动性的积累。经营性现金流对企业债务的覆盖能力较差，企业经营及债务偿还资金依赖于外部融资，造成较大的筹资压力。一旦出现外部融资渠道受阻的情况，供应链企业将面临资金链断裂的风险。

4.4.3 小结

供应链金融并不是供应链与金融的简单结合，必须结合行业场景深度应用信息技术，才有可能实现供应链金融的突破。

1. 没有信息技术就没有供应链金融

金融普惠的目的是解决中小企业融资难、融资贵的问题，但在目前阶段，解决方案的突破点在于通过各种可能的手段减少信息不对称和有效控制风险。产融结合型之所以比金融主导型进了一步，就在于信息不对称的降低和风控手段的增加，而信息协同型能迅速发展，则在于当今信息技术对重塑产业面貌的巨大能量。

加强信息技术和其他前沿科技的应用，可以使信息流、资金流、物资流更好地实现匹配，并带来数字化的文件管理、交易跟踪、权益确认等方案，以及实现智能授信准入和高度自动化的供应链金融服务。当通过技术手段有效降低了风险，对风险进行补偿的融资成本就能相应降低，对供应链的资金供应也就有可能更为普遍和便捷。

2. 没有深入产业就没有供应链金融

虽然信息技术的深度应用是供应链金融破局的关键，但是只有根植于具体场景才有发展的空间。供应链金融领域的服务商，必须深入产业，充分了解其内在的规律和日新月异的变化，才有可能提供更优质的差异化服务。这也意味着，除了少数资源极为庞大的金融机构或产业集团外，大多数服务商都应聚焦于有限的若干产业领域，控制成本投入与风险暴露，提高专业性和服务质量，从而实现自身收益和行业影响力的最大化。

3. 没有更多的参与者就没有供应链金融

中小企业数量巨大，所处的细分行业也十分丰富，而提供服务的金融机构、企业集团或第三方服务商通常只能结合具体场景开展业务。在出现普适的解决方案之前，就需要尽可能多的主体参与进来，既要加强供应链金融的基础设施建设，打通行业信息流动的障碍，又要鼓励发展提供不同类型服务的机构，以满足中小企业多样的金融需求。

课后习题

一、名词解释

存货融资

静态抵质押

仓单质押

预付款融资

存货融资

反向保理

二、思考题

1. 简述供应链金融的发展史，并具体阐述供应链金融 5.0 模式的特点。
2. 供应链金融有哪些融资模式？试举例说明。
3. 简述应收账款融资的一般流程及其主要模式。
4. 简述供应链金融的外生风险和内生风险，试举例详细阐述。

第 5 章

物流金融服务创新

学习目标：

1. 掌握物流金融的定义、特点、发展现状及其在现代经济体系中的重要性。
2. 探讨物流金融业务中存在的问题与挑战，识别物流金融业务在业务流程、保管方式和监管方式上的不足。
3. 理解信息化在物流金融行业中的关键作用，掌握信息技术在物流金融中的应用。
4. 掌握物流金融的运作模式及创新趋势。

导入案例：

京东供应链金融科技平台的尝试

京东供应链金融科技平台是一个"供应链+场景+数智化+产业"四位一体的平台，其落地案例将为我们呈现：面向千行百业的不同场景，如何高质量、高效率地定制"政+企+银"融合发展的生态平台。

京东科技是京东集团旗下专注于以技术为政企客户服务的业务子集团，致力于为企业、金融机构、政府等各类客户提供全价值链的技术性产品与解决方案。基于京东多年的供应链业务与科技沉淀，京东科技运用云计算、人工智能、区块链、大数据、物联网等金融科技能力，从供应链产业链整体出发，为供应链金融业务实现科技赋能，提升产业链融资可获得性，帮助降低融资成本，助力产业链提质降本增效。截至2022年年初，京东科技在全国70多个城市建立了京东云服务基地，为多地政府及相关部门提供了智能城市数字化平台和政务数字化服务；在金融机构服务领域，京东科技已为包括银行、保险、基金、信托、证券公司在内的超过800家各类金融机构提供了数字化服务的综合解决方案；在企业服务领域，已为超过1500家大型企业、超过150万家中小微企业提供了包括业务和技术在内的数字化解决方案。

1. 科技服务输出的"四驾马车"

（1）顶层规划——咨询服务

京东科技以瞬时竞争优势战略为核心，运用 PAM 模型进行业务分层定义、业务组件定义以及问题排序，运用 PSM 模型帮助企业系统梳理业务链和价值链，明确对外输出的产品和服务，并以此构建一种基于自身内部数字化支撑平台的规划模型。

（2）系统建设——平台产品服务

京东科技为供应链金融构建覆盖核心企业、上下游企业、金融机构、第三方机构等领域的金融供给和风险防控体系，深入理解产业链交易规律与习惯，利用金融科技能力，以平台形式为全链路提供数字化金融服务，实现资产与资金的良好匹配。

（3）运营管理——运营服务

京东科技从技术、产品、业务、风险等层面为客户提供贴合项目需求的运维和运营服务。以上四方面的运营是基于信息技术的数据运营实现，即从供应链上下游运营的庞大而杂乱的数据中分析有价值的数据规律及产品问题，从而帮助企业决策与优化，推动业务闭环与产品迭代。

（4）协同建设——一体化服务

为减少企业各方资源寻找成本，提高融资效率，依托京东的综合科技能力，京东科技构建了供应链金融科技一体化服务体系：一方面，输出供应链金融相关的风险建模、风险管理经验、账户与支付体系、资产管理等能力，打造面向客户的综合型科技服务体系；另一方面，将资产数字化、标准化，组织有效资产，高效匹配资金。

2. "四位一体"的新型供应链金融科技平台

近年来，京东科技以供应链为依托，以产业场景为驱动，以智能化为重要手段，以产业高质量发展为目标，构建了"供应链＋场景＋数智化＋产业"四位一体的供应链金融科技平台。该新型平台以京东云混合数字基础设施为基础，可覆盖核心企业及其供应链上下游企业，对接金融机构提供金融服务，帮助供应链上的各类企业解决资金端和资产端的需求匹配问题。利用云计算、区块链、人工智能、物联网等多项技术，京东供应链金融科技平台构建了简捷、高效、标准化的供应链协作和供应链融资的在线全流程体系，通过数字化平台解决方案，实现系统高效整合，业务闭环，全链条数据可视，助力降低操作风险、运营及人工成本，改善企业现金流管理，放大协同效应，推动产业链共同发展。

3. 实践场景

场景 1：生产型核心企业＋供应链金融科技（见图 5-1）。

当前，许多生产型核心企业根据自身发展需要，存在提升主营业务收入、稳定供应链、提高业务数字化水平、增加金融业务收入、降低资金成本、优化报表等不同诉求。此时，京东科技可以根据具体的运营场景帮助核心企业客户梳理全产业链的业务逻辑。

> 供应链金融

随后,京东科技基于应收、动产、融资租赁等业务场景以及其他拓展场景设计动产融资、仓单融资、设备融资、应收账款融资等业务,并根据业务需求与相应的资金方对接。

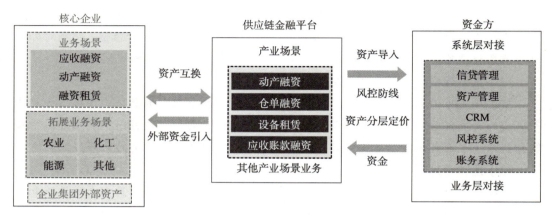

图 5-1　生产型核心企业+供应链金融科技实践场景

场景 2:大型企业集采平台+供应链金融科技(见图 5-2)。

很多大型企业内部各部门存在采购需求,以往这类采购多采取各部门分散采购的形式。分散采购的形式存在成本过高、采购流程不规范不合规的问题,非标准化采购导致产品质量难以保证,非精细化管理导致存货占用流动资金过多,原材料标准化程度低导致缺乏产品质量管理体系,以及难以对供应商实现全生命周期管理,导致无法进行考评分级,从而难以形成针对性策略等一系列问题。因此,当前很多大型企业(尤其是国企、央企)会将企业内部的采购需求整合进行集中采购,这种集中采购一般表现为代理采购或撮合的形式。此时,京东科技可基于企业的真实集采场景,为客户搭建集采业务平台。

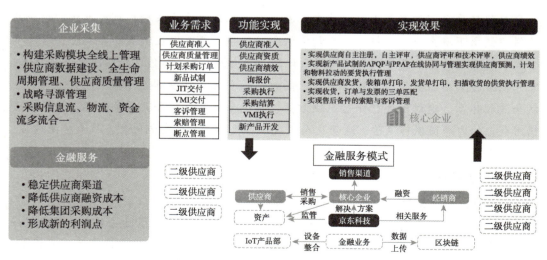

图 5-2　大型企业集采平台+供应链金融科技实践场景

场景3：供应链管理协同（大宗及一般贸易）+供应链金融科技（见图5-3）。

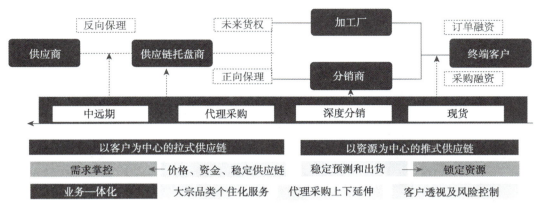

图5-3　某大宗贸易公司供应链金融方案

针对开展大宗贸易的供应链企业的大宗交易、代理开证、代理采购、集销定采等业务场景，京东科技为客户构建了数字化交易网络，推进流程合规，管控贸易和应收风险，升级交易结算机制，优化从询价到回款的全流程，从而支撑各业务环节的供应链金融服务。同时，京东科技通过供应链管理协同及供应链金融科技平台推动数字化转型，实现了供应链与金融两个业务板块的协同。基于此，京东科技提升了客户供应链智能化管理能力，结合金融盘活存货，降低供应链企业负债及库存压力，助力企业构建稳定的产业生态。

场景4：产业交易一体化平台+供应链金融科技（见图5-4）。

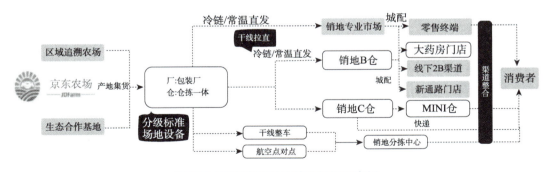

图5-4　京东农场赋能某乡村振兴案例

京东科技联合地方政府，立足于当地的实际情况，研究产业发展规划和布局，完善当地产业配套政策体系，重点发展当地特色及优势产业。结合京东的生态资源（物流、仓储、零售）优势以及技术优势，构建当地产业生态与金融服务体系，促进当地产业数字化升级。例如，京东科技与国内某地联合开展的"乡村振兴项目"引入"京东农场"，聚焦当地优势产业，并引入京东的生态资源，为当地农业赋能。

场景 5：面向政府的产业金融（供应链金融＋普惠金融）服务平台（见图 5-5）。

图 5-5　面向政府的产业金融（供应链金融＋普惠金融）服务平台实践场景

京东科技基于不同地方的产业结构，构建了"五位一体"的金融服务平台，即企业数据增信、需求与供给高效链接、金融服务聚合窗口、金融业务协同生态、地区经济活动晴雨表。企业客户、政府部门、金融机构等通过"五位一体"的金融服务体系进行业务生态协同。如此一来，对金融机构而言，平台可提升其精准获客、识别风险、辅助决策能力，以及提供贷后风险预警等；对产业企业而言，通过普惠金融、供应链金融以及政府融资政策的支持，平台可为中小微企业提供便捷的融资渠道、降低融资成本；对当地政府而言，平台可引导金融服务实体经济，改善营商环境。

5.1　物流金融的概念

物流金融是供应链金融的重要组成部分，它与贸易金融共同演变出供应链金融。供应链金融注重围绕核心企业向链内有产品制造、加工的企业提供金融支持；物流金融注重整合物流信息，开发和应用金融产品，进而实现价值增值。随着时代的发展和科技的进步，物流金融服务也在不断演变与创新。

从广义上看，物流金融是以"货权、物权"为中心，引入第三方物流企业，在金融业和现代物流业业务创新的基础上，业务领域相互渗透融合发展而产生的一种新型业务形态。物流金融的外延相对较大，涉及存款、保险、信托等领域，是多方主体共同参与价值创造的过程。在物流活动中，物流企业充分利用各种金融工具，加强对业务资源的组织管理，与金融机构、融资企业形成了协同发展的合作关系，从而有效降低了资金占用成本，提升了资本运营效率，促成了资金流、信息流、物流的相互交融。

从狭义上看，物流金融是以供应链金融业务为基础，依托金融机构，物流企业整合供应链中上下游企业的金融需求，除了为融资企业提供仓储、运输等传统物流服务外，还提供信贷、保理、质押监管等金融衍生服务的过程。物流和融资的相互结合是物流金融的核心。从我国目前情况看，物流融资的实现有三种路径：一是物流结算，主要包括垫付货款、代收货款及贸易执行等形式；二是物流仓单，就是把仓单作为标的物进行背书质押来融通资金；三是物流授信，此类方式主要是物流企业把自身授信额度分配给融资企业来进行筹资。

从本质上看，物流金融是由商业银行仓单质押等基础业务演变而来，商业银行仍然是资金融通的主要来源。在"物流＋金融"的融合发展中，金融依然是核心业务，物流只是一种外在的表现形式。因此，物流金融是金融业一种创新服务，在本质上与商业银行的中间业务没有区别。

物流金融属于物流与金融二者组合的复合业务，在物流行业的运作经营过程中，通过对金融产品的创新和应用，对物流行业内的货币资金进行有效的组合和调节。这种资金运动方式包括在物流流程中的多种存款和贷款、资金投放与租赁等交易方式。物流金融能够让物流公司获得资金投资及结算等服务。物流金融业务还涵盖了三个重点体系，即物流企业、客户以及金融机构。物流企业和金融机构一同给资金需求方公司提供融资。物流金融的发展对三方都非常重要。物流与金融的结合可以有力地支持社会产品在市场中的流通，推动流通系统的改革与创新。

物流金融能够提升第三方物流企业的业务服务能力，并帮助企业解决融资难的问题，增强资金运转能力。就金融业务而言，它可以辅助金融机构扩大贷款范围并减少信贷风险，在业务开发和扩展过程中帮助金融机构规避不合理资产，并合理化管理 CRM 用户，从而提高整体服务水平。

伴随现代化社会的金融机构以及当下物流企业的持续发展，越来越多的物流金融业务模式逐步问世。根据金融在当代物流发展中所发挥的作用，可以将物流金融划分为物流结算金融、物流仓单金融以及物流授信金融。物流结算金融的主要内容是通过多种结算形式使物流公司和其客户获得有效的融资。目前，物流结算金融涵盖了代收和垫付贷款等多种形式。物流仓单金融的基本理念是：生产运营公司优先使用购入的原材料或产出品作为质押物或反担保物，存放于融通仓，并通过这种方式获得合作银行的资金，之后在生产经营运作或质押物售出过程中进行阶段性返还款项。物流企业提供质押物的管理和价值评估等相关服务。物流授信金融是指金融机构在考察物流企业的经营范围、企业管理以及业绩之后，对物流公司提供合理的贷款额度，物流企业根据此额度可以到相关机构办理交易。由于物流企业可以直接监管质押款项的整个流程，所以金融机构较少与质押款项目的具体步骤接触。这种方式能够让公司更方便地获得融资，减少了原本质押贷款业务中的多重繁复步骤；使银行能够更加合理地增强对质押贷款整体流程的监管，更为便捷地开展此种服务。

物流金融作为新时代物流产业的助推器，通过灵活多样的融资工具、高效的资金流通管理以及精准的风险控制，为物流企业提供了强有力的支持。在全球经济一体化的大背景下，物流金融的概念与实践将在未来不断演进，成为推动整个供应链体系更高效运作的关键因素。随着科技的发展和市场的变化，物流金融将在不断创新中拓展应用领域，促使整个产业更好地适应和引领未来发展的步伐。

5.2 国内外物流金融发展

国外物流金融的现状为我国物流金融的发展提供了借鉴。通过深入研究国外物流金融的成功经验和面临的问题，我国可以更好地把握国际物流金融的发展趋势，避免潜在的风险。同时，了解我国自身的发展情况能够更好地满足不断升级的市场需求，为实体经济提供更为创新和有效的金融支持。因此，本部分主要是对国内外物流金融的发展现状进行描述，进而着重分析我国物流金融存在的问题。

5.2.1 国外物流金融发展现状

物流金融发展起源于物资融资业务。在公元前 2400 年，美索不达米亚地区出现了谷物仓单，这是首个将金融与物流相融合的案例。在英国，首个形成的流通纸币就是可以兑付的银矿仓单。菲律宾、美国及加拿大等地的物流金融体系是全球最全面、最规范的。例如，美国针对农业产品提供的仓单质押，不仅能够用作支付，还能够将其作为贷款条件到银行进行抵押。对于美国而言，其物流金融系统着重建立在政府基准之上，早在 1916 年，美国就已颁布《仓库存储法案》，并借此创建了一系列有关仓单质押体系的标准。此标准系统的形成，除了可以用于家庭农场的融资，还大幅提升了整个农业经营销售系统的效率，同时减少了其运作成本。发达国家在物流金融方面已经形成相对成熟的体系。例如，美国的物流金融服务以其高效、便捷的特点而著称。其成功实践包括建立完善的融资体系、发展多元化的金融产品以及与科技的深度融合。这些经验对于我国物流金融的发展具有借鉴意义。

与发达国家相比，发展中国家对物流金融发展的重视程度要低很多，并且整个体系标准也不够全面。非洲贸易因其自主化受到多个国家的重视，许多公司通过审查后入驻，审核并查验企业中属于仓储运作营销商以及质押经理职位，以银行、借款者以及质押经理为主体，创建三方质押管理协议（CMA）。根据此标准，存货者及借款者通过银行获得信用标准最终获得融资资格。这种仓单面向的是借款银行，而不是借款人，并且此种仓单无法实现流通转让。

国外物流金融的发展历程呈现出明显的演进特征。最初阶段注重于基础设施的搭建和初步金融工具的引入，但物流和金融领域的融合并不深入。随着创新浪潮的兴起，物流金融进入创新阶段，数字技术的应用开始推动供应链融资等新兴服务的崛起。当前，物流金融正处于数字化转型的阶段，数字技术在全球供应链金融和跨境贸易融资等领域的深度融合，为行业注入了新的活力。未来，可持续发展将成为发展的关键方向，金融机构将更加注重可持续性，并与政府密切合作，致力于推动物流金融更全面、更高效地服务于全球可持续供应链。

国外物流金融在当前迎来了一系列引人瞩目的发展机遇。首先，数字化创新将深刻改变传统金融业务模式，提高交易的透明度和安全性，使金融机构能够更准确地评估风险和制定信用决策。其次，全球供应链日益复杂，企业对供应链金融的需求不断增加，物流金融有机会通过提供灵活的融资工具，满足企业在全球范围内的资金需求，促进国际贸易的持续发展。此外，社会对可持续发展的关注日益增强，推动金融机构更积极地支持符合ESG标准的企业，形成了可持续发展的新动力。总体而言，国外物流金融在数字化创新和可持续发展方面正迎来丰富而广泛的发展机遇，为整个行业的未来提供了更为乐观的展望。

5.2.2 中国物流金融发展现状

物流金融作为一个复合型新兴产业，提升了物流业与制造业、金融业等行业的融合度，打造了一站式、高效的金融服务模式。本节将从以下几个方面介绍我国物流金融的发展状况。

1. 我国物流金融的发展阶段

根据我国物流金融发展的特征、趋势以及规律，可将其划分为四个阶段。第一阶段是萌芽期（1999—2003年），这一时期主要出现了少数企业协作集资的形式，1999年中国物资储运公司与交通银行共同完成了我国第一笔仓单质押融资业务，实现了我国物流金融业务从无到有的突破。第二阶段是探索期（2004—2006年），此阶段逐步重视对物流金融理论的探索，探讨了物流金融的内涵、经营模式、作用等。第三阶段是成长期（2007—2012年），这一时期注重物流金融模式创新、风险管控、供应链价值的探究。第四阶段是调整期（2013年至今），在信息时代背景下，物流金融实现了与大数据、物联网的深度融合，革新了传统的业务模式，使其更智能化、规范化，打造了集服务、风险管理和监管于一体的供应链管理新模式。

2. 我国物流金融面临重大发展机遇

近年来，我国物流金融业务经营效益较好，开展物流金融业务的商业银行平均坏账率在 0.2% 上下，远低于目前商业银行不良贷款率。中国物流与采购联合会的统计显示，随着物流业的快速发展，物流企业的市场规模、业务范围、经济效益、专业水平显著提高，物流企业融资需求也不断增加，而传统金融机构仅能满足不到 10%。在此背景下，物流企业与金融机构均瞄准"物流+金融"的发展机遇期，成立物流金融事业部来加强交流与合作，实现物流和金融的联动发展。通过这项崭新的业务模式，一方面，不仅能提高物流企业的经济效益，扩大业务经营规模，更能帮助企业解决融资难题，提升资金使用效率；另一方面，推动了供应链物流业务的开展，提高了链上物资周转效率，健全了业务体系，使得这种高附加值、多元化的金融服务模式对客户需求更具灵活性和针对性。

5.2.3 我国物流金融业务发展中存在的问题

物流金融立足于传统物流业务为交易双方提供金融服务。虽然在盘活企业资金、完善金融市场和创新金融业态等方面发挥了重要作用，但我国物流金融的发展仍处于成长期，处于粗放型发展阶段，不论是基础理论还是具体实践，都存在着诸多不足之处。

1. 信息化整体水平较低

作为一种新兴的产业形态，我国物流金融起步晚、发展时间短，发展程度有待进一步提升。同时，在业务流程、保管方式和监管方式上缺乏创新，造成业务单一、效率低下。在业务流程上，业务模式不成熟，没有科学合理的业务规范，金融机构依然按照传统的信贷程序来处理物流金融的贷款业务，导致业务耗时长、缺乏针对性、效率低下。在保管方式上，我国金融机构对应收账款虽然有一定的管理经验，但难以形成规模化。存货的仓储主要依赖公共仓储，仓储分类模糊，利用率低且流程繁杂，未实现对订单的科学化和标准化管理；在监管方式上，监管过程不严密，信息化程度较低，多依靠人力完成，金融业务中的资金流和物流还不能得到有效控制。对于融资企业来说，由于物流金融服务专业化水平较低，企业发展所需原材料难以保证时间和质量，这就变相增加了企业负担。

信息技术的普及，使我国企业朝着信息化、智能化方向发展，而物流金融则缺乏系统性管理，业务信息化水平较低。在业务管理中，物流企业需要完善的信息管理系统，而金融机构与其合作会增加自身风险，自行建立则需要更高的成本，甚至因专业化不足造成其他损失。在处理物流金融具体业务时，金融机构、融资企业和物流企业无法共用统一的业务信息平台，相关业务信息只在各自体系内流转，交易方难以进行有效的信息沟通和共享，这就形成了数据壁垒，使得金融机构对业务的监管和融资企业对金融服务进程的了解非常滞后。在支付清算时未实现智能结算，相关企业使用传统结算方式，存在违约等不确定因素，加大了金融风险，从而降低整个链条的资金周转效率。

2. 风险管控机制不健全

影响物流金融发展的因素有很多，对企业来说最大的难题莫过于风险管控问题。

一方面，物流金融业务参与主体的合作意识和服务能力不强。据物流行业协会研究表明：目前我国以"物流"命名的企业中，大多数物流企业只涉及仓储和运输服务，仅有37.7%的物流企业听说过物流金融，19.3%的物流企业参与过物流金融业务，而开展过物流金融业务的企业也因自身不能有效识别质押物的价值，而给企业带来较大的经营风险。对物流金融参与者来说，金融机构为取得较高利差而设定高贷款利率，融资企业为获得更多的周转资金而虚假骗贷，物流企业为增大业务量而忽视市场风险。三个主体在短期违约产生高利润的诱惑下势必放弃长期合作，最终抑制了物流金融的发展。

另一方面，信息不对称产生的市场风险、道德风险和信用风险等导致物流金融体系脆弱。物流金融业务的健康运行需要金融机构、物流企业和融资企业的相互信任和紧密合作。但在实际运行中，系统发展不健全，各市场主体信息量不对等，行业间信息缺乏必要的有效沟通，从而引起行业间的隔阂，数据信息的真实性和安全性无法得到保证，加大了风险防范的难度。委托代理理论指出：委托人希望代理人的选择能够符合委托人利益，但委托人却无法直接观察到代理人的选择结果。因此，信息不对称程度越高，代理人违背委托人意愿而追求自身利益最大化的可能性就越大。例如，物流企业不履行监管职责，融资企业质押物以次充好、重复质押，金融机构信贷员审验信息不全面等。由于信息不对称导致物流金融业务体系脆弱，势必引起"劣币驱逐良币"的现象，若不加以改善，会加大整个物流金融活动的风险，恶化物流金融市场环境，影响各业务主体市场参与的积极性。

3. 法律体系存在滞后性

首先，国内物流仓储类法律对物流金融的管理不规范。与高速增长的物流市场相比，相关法律体系的建设存在着严重的滞后性。目前国内还没有一部完整的仓储物流法，现行的法律法规也存在结构不协调、内容不规范、更新不及时等问题。金融行业作为强监管行业，金融产品的创新主要依赖于上级部门的政策。法律政策的缺失使得物流金融业务的合法性、合规性得不到有力的保障，这也成为影响物流金融行业发展的深层次原因。从法律效力的层级来看，在中国物流与采购联合会的督促下，我国虽出台了一些行业标准，但物流业规范仍主要以地方性规定条例为主。开展物流金融业务时，信息统计口径不一致、操作规范不明确则成为阻碍物流金融发展的重要因素。

其次，货权法律体系不成熟，这里的货权指的是"提货权"而非"所有权"。金融生态环境建设涉及诚信体系、金融监管等多方面，我国《民法典》虽对物权提供了法律保障，但对有第三方物流企业参与的物流金融业务没有专门的法律条款，对货物运输和提货单据的法律属性、唯一性缺少有力保障。在法律属性层面，仓单是一种受限制的物权性有价证券，但仓单仅适用于"在仓库"的情况。针对大宗商品而言，在途融资则更有利于保证资金流的充裕和生产的持续性，因此在途货物的法律属性至关重要。在唯一性层面，从 1997 年到 2017 年大宗商品电子交易市场得到了爆发式增长，企业数量由 2 家增加到 1969 家，电子仓单交易规模超过 30 万亿元。但电子仓单交易风险事件也频繁发生，这需要通过加大创新并结合法律引导来规范市场发展。

4. 缺乏高素质专业人才

物流金融涉及的知识范围广，业务的开展需要精通金融、物流和法律等知识的复合型专业人才的支持。目前，我国物流金融参与主体越来越多，对高素质复合型人才的需求也越来越大。而现行的教育体制仅在某一领域培养专业人才，未能实现金融、物流、法律的融会贯通。由于"对口"专业人才稀缺，物流金融参与主体不得不从相邻行业来选拔人才。例如，金融机构比较注重员工的市场开发能力，因此在人才招聘中侧重于金融经济类专业。同样，物流企业则选择物流专业人才，而物流岗位一般具有固定的工作模式，选拔要求通常较低，这在无形中增加了业务风险。因此，要实现物流金融业务的专业化管理，革新人才培养体制势在必行。

对比发达国家，中国物流金融行业的发展起步较晚，物流金融在各方面都还处于初级阶段，整体的行业规模偏小，掌握的学术理论不够完善。同时，在竞争力方面，依然存在许多不足之处，并且存在流动效率不高、营销方式简单、服务方式落后、缺乏新思路、缺少全面的信用标准、设备陈旧、掌控资本水平不足等诸多问题。在中国，大型国资控股物流公司较早开展了物流金融业务，而对于小型物流公司而言，则较少参与；银行方面，大型股份制商业银行较早进行了多元化物流金融业务的发展，而国有银行才逐渐开始物流金融业务的开展。随着国际大型跨国物流公司的进入，国际物流业务发展迅速，同时整个体系也逐渐完善，国内物流企业相比之下缺乏竞争力。因此，如何降低融资成本，是物流企业当前亟须解决的问题。目前来说，物流业的发展与金融业息息相关，因而发展物流金融成为第三方物流企业与国际跨国物流企业进行角逐并取得胜利的重要因素。

总而言之，随着国家"振兴实体经济"政策的支持和市场经济的发展，中国物流产业得到了迅速发展，而物流金融作为跨行业发展的新经济业态，也逐渐成为国民经济的重要组成部分，实现了企业之间的资金融通、政策联通和信息互通。本章根据物流金融发展的实际情况，介绍了物流金融在发展中逐渐形成的物流仓单金融、物流结算金融和物流授信金融三种业务模式，并有针对性地提出物流金融在创新、风险防控、法律体系和专业人才等方面存在的一些问题。由于这些问题的存在，物流金融服务难以满足更多参与主体的需求。

5.3 物流金融发展的环境和创新思路

中国物流金融作为经济活动中不可或缺的一环，近年来在全球化和数字化浪潮的推动下，迎来了前所未有的发展机遇。本节将深入探讨中国物流金融发展的环境，分析经济、技术、政策等多方面因素对其造成的影响，以及在这一背景下物流金融行业所面临的挑战和未来趋势，并探讨可行的创新思路。

5.3.1 物流金融发展的环境

物流金融作为一个综合性金融服务领域，其发展受到多方面环境因素的影响。本文主要从经济、技术、政策、市场等多个方面对物流金融发展的环境进行分析。

1. 经济环境

中国经济的高速发展为物流金融提供了强大的内生动力。随着制造业的不断升级和产业结构的调整，物流需求逐渐呈现多元化和复杂化的趋势。在制造业的数字化、智能化升级过程中，物流金融机构充当着重要的支持角色，为企业提供融资和风险管理服务。与此同时，中国电子商务市场的蓬勃发展为物流金融行业提供了更大的发展空间，特别是小微企业和个体经营者的融资需求逐渐凸显。国际贸易的日益繁荣也推动了物流业务的国际化，为跨境物流金融提供了新的增长点。

2. 技术环境

技术的持续创新对物流金融行业产生了深刻的影响。首先，物联网、大数据分析和云计算等信息技术的广泛应用使得物流过程更加智能和高效。物流金融机构通过积极采用这些技术手段，实现对供应链的实时监控、数据分析及风险预警。其次，区块链技术的全新应用为物流金融带来了更高水平的透明度和安全性。在供应链金融领域，区块链可以确保信息的不可篡改性，有效应对信息不对称和风险问题。这一技术的应用为物流金融提供了更可靠的基础，促进行业更好地服务实体经济。

3. 政策环境

中国政府持续致力于金融体系的改革与创新，为物流金融提供政策支持的同时，也在不断加强对金融市场的监管。在金融政策层面，中国政府通过推动金融科技的创新和应用，鼓励金融机构提供更灵活、智能的服务。此外，政府还通过降低融资成本、拓展融资渠道等手段，积极推动物流金融的创新。在贸易政策方面，中国积极参与全球贸易体系，倡导自由贸易，为物流金融拓展国际市场提供了更为便利的条件。然而，国际贸易的不确定性及一些地缘政治风险也带来了一定的挑战，物流金融机构需谨慎应对。

4. 市场竞争与创新

市场竞争与创新是推动物流金融行业持续发展的两大引擎。市场竞争越发激烈，不同规模和类型的金融机构纷纷加大服务创新和业务拓展的力度。在产品创新方面，除了传统的融资服务外，供应链金融、仓储融资、订单融资等新型融资产品逐渐成为市场焦点。在服务模式上，物流金融机构不仅仅是资金的提供者，其更加注重与实体经济的深度融合，通过数字化技术为企业提供更全面的解决方案。创新不仅体现在产品和服务上，同时也表现在金融机构自身管理和运营方式的革新上。一些先进的金融机构通过与科技企业开展战略合作等方式，实现更高效的业务流程和更好的风险管理。

5. 金融市场变化

金融市场的波动直接影响着物流金融的稳定运行。首先，宏观经济政策的调整可能导致货币政策的变化，影响物流金融机构的融资成本和资金利用效率。物流金融机构需要及时调整融资结构，应对利率波动的风险。其次，资本市场的变动也直接关系到物流金融的融资渠道。随着资本市场的发展，物流金融机构有望通过债券、证券化等工具实现融资渠道的多样化，提升资金运作的灵活性。然而，金融市场的不确定性也使得物流金融机构需要保持敏锐的市场洞察力，及时调整经营策略。

6. 国际贸易形势

国际贸易形势对物流金融行业产生深远的影响。贸易保护主义的抬头以及一些地区性贸易协定的签署都可能引发国际贸易格局的变化。这种变化不仅影响到物流业务的方向和规模，同时也对物流金融机构的业务稳定性提出了更高要求。物流金融机构需要密切关注国际贸易政策的变化，通过提前进行风险防范和灵活的业务调整来适应新的贸易环境。

7. 人工智能和自动化技术

在技术方面，人工智能和自动化技术正日益深入地应用于物流金融行业。智能物流系统的推广使得信息的获取和处理更为迅捷高效，这为金融机构提供了更为精准的业务决策依据。同时，大数据分析也使金融机构能够更好地了解供应链上的风险，提供更有效的融资支持。在自动化技术方面，一些金融机构已经开始尝试将自动化技术应用于风险评估和合规管理，提高了运营的效率和精度。与此同时，一些新兴技术，如区块链的应用也在进一步提升金融业务的安全性和透明度。

8. 社会环境

社会环境的变化对于物流金融行业的发展同样具有重要的影响。金融机构需要在融资决策中更加注重环保和社会责任，关注融资项目对社会的影响。透明度的提高也使得金融机构需要更加公正、透明地开展业务。

9. 法律法规

法律法规的完善对于金融机构的合规运营至关重要。金融机构需要时刻关注国内外的法律法规动态，确保自身业务的合法合规。在中国，监管部门正在不断完善相关法规，强化金融市场的监管力度。物流金融机构需要建立健全的合规体系，加强内部管理和风险控制，确保业务的稳健运行。

综上所述，通过对中国物流金融发展环境的分析，我们可以看到，当前物流金融行业正面临着巨大的机遇和挑战。经济的高速增长、技术的广泛应用、政策的积极支持为行业提供了强大的推动力。然而，市场竞争激烈、金融市场的波动、国际贸易关系的不确定性等因素也对物流金融机构提出了更高的要求。在未来，物流金融机构需要通过提升技术水平、加强风险管理、与实体经济深度融合等手段，实现可持续发展。同时，政府、企业、金融机构和科技企业之间的密切合作将成为促进物流金融行业繁荣发展的关键。在多方的共同努力下，中国物流金融必将在更加复杂和多变的环境中迎来更加辉煌的明天。

5.3.2 物流金融发展的创新思路

中国物流金融行业在当前全球经济一体化和数字化的浪潮中，扮演着连接实体经济和金融体系的关键角色。其发展既面临着新的机遇，也迎来了新的挑战。为适应中国独特的国情，满足新时代的需求，物流金融行业必须不断创新，提升服务水平，推动实体经济的升级。本节将深入探讨中国物流金融行业发展的创新思路，包括技术创新、金融产品创新、合作创新、服务实体经济、风险管理与合规创新五大方面，旨在为该行业的可持续发展提供深刻的思考和建议。

1. 技术创新

物流金融行业正迎来信息技术的蓬勃发展，而物联网技术的广泛应用成为技术创新的亮点之一。引入物联网设备可以实现对货物的实时监测，降低信息不对称风险，提高融资决策准确性。物联网技术使整个供应链变得更加可视化和智能化，有助于金融机构更好地了解实际情况，为企业提供更贴近实际需求的金融服务。例如，通过传

> 供应链金融

感器和数据采集技术，金融机构能够追踪货物的运输情况，实现信息的实时共享，为金融决策提供更精准的数据支持。

大数据和人工智能的应用为金融机构提供了更精准的数据分析和风险评估工具。通过深度学习和算法模型，金融机构可以更准确地识别潜在的风险点，提高决策的智能化水平。大数据分析技术为金融机构提供了更全面的客户画像，通过对海量数据的分析，金融机构能够更好地了解客户需求，提供个性化的金融服务。人工智能技术的广泛应用也为风险管理、信用评估等环节提供了更高效的解决方案。例如，智能风控系统可以通过对历史数据和实时数据的分析，预测潜在的风险，提前采取措施防范风险的发生。

区块链技术的应用为物流金融行业带来了新的变革机遇。其去中心化的特点为金融交易提供了更加安全可靠的基础。在金融交易中，信息的透明度和可追溯性是关键问题，而区块链技术通过建立不可篡改的分布式账本，实现了交易数据的安全记录。这为金融机构提供了更可信赖的交易环境，降低了信息不对称的风险。例如，基于区块链的智能合约可以自动执行合同条款，提高合同履行的效率，减少合同纠纷的可能性。数字货币的发展也为国际贸易提供了更加高效的支付手段，降低了跨境交易的成本并节省了时间。

技术创新不仅体现在产品和服务上，同时也表现在金融机构自身管理和运营方式的革新上。一些先进的金融机构通过数字化技术为企业提供更全面的解决方案。数字化技术深度融入实体经济，通过构建数字化平台和信息共享体系，使金融机构更好地服务于实体企业。例如，一些金融机构通过与物流企业建立战略合作，共同构建数字化的供应链金融平台，实现信息共享和融资服务的一体化。数字化技术还可以通过建立智能金融系统，提高金融机构的运营效率，降低服务成本。这种数字化与实体经济深度融合的方式，使金融机构能够更好地满足企业的融资需求，推动实体经济的高质量发展。

2. 金融产品创新

金融产品创新是满足多元化融资需求的关键途径。传统的融资产品已经不能完全适应多变的市场需求，因此，金融机构需要开发更具创意和灵活性的金融产品。首先，供应链金融的发展是金融产品创新的热点。通过深入了解企业的供应链体系，金融机构可以设计出更加贴近实际的融资产品，如订单融资、仓储融资等，帮助企业更好地应对资金周转难题。供应链金融的发展还可以涵盖跨境贸易融资，通过数字化和区块链技术实现国际供应链的融资。金融机构可以通过深入了解企业的供应链关系，为中小微企业提供精准的融资支持，提供更具竞争力的金融服务。

数字货币和区块链技术的应用为金融机构提供了新的融资工具。数字货币的跨境支付优势和区块链的不可篡改性为国际物流金融合作提供了新的可能。通过推出与数字货币相关的金融产品，金融机构可以为企业提供更快捷、低成本的跨境融资服务。区块链技术的应用还可以帮助金融机构构建更安全、高效的结算系统，降低交易风险。金融机构可以通过数字货币和区块链技术，创新支付和结算服务，提高国际贸易的便捷性和安全性。这种创新不仅有助于金融机构更好地服务实体经济，也有助于推动国际物流金融的合作与发展。

金融衍生品的创新应用是金融产品创新的重要方向。通过引入金融衍生品，金融机构可以更好地满足企业在市场波动中的融资和风险管理需求。例如，期货、期权等衍生品工具可以帮助企业锁定价格波动的风险，提前规避市场不确定性。金融机构可以根据企业的实际情况，设计个性化的金融衍生品，为其提供更具针对性的风险管理服务。金融衍生品的创新应用还可以促进金融市场的流动性，提高金融机构的盈利能力。然而，在推动金融衍生品创新的过程中，金融机构需要加强风险管理，防范潜在的系统性风险，确保金融创新的可持续发展。

3. 合作创新

在中国，物流金融行业需要不断推进合作创新，构建更加紧密的产业链生态系统。首先，与物流企业的深度合作是实现互利共赢的有效途径。金融机构可以通过与物流企业建立战略合作关系，分享信息、资源和技术，共同应对市场变化。合作可以涵盖融资服务、风险管理、信息共享等多个方面，从而实现整个产业链的优化与协同。通过与物流企业的深度合作，金融机构能够更好地了解实际需求，为其提供更有针对性的金融服务。合作关系还可以包括共建信息平台、共享数据资源等方面，实现信息的共享与协同决策，提高整个物流金融体系的运作效率。

与科技公司的深度合作也是推动创新的重要手段。科技公司在技术研发和创新方面具有独特优势，金融机构可以通过与科技公司共建实验室、联合研发等方式，加速技术创新的落地。科技公司可以为金融机构提供先进的技术支持，共同探索新的商业模式和服务方式。例如，金融科技公司可以通过智能算法为金融机构提供更精准的风险评估工具，优化金融产品的设计。金融机构与科技公司的合作还可以推动数字化技术的应用，构建更智能、高效的金融服务体系。在合作中，双方可以充分发挥各自的优势，共同推动物流金融行业的创新与发展。

金融机构之间的合作与联盟也是共同应对市场风险和挑战的有效手段。通过建立行业联盟，金融机构可以共同制定行业标准，分享风险信息，形成合力，共同应对市场波动。合作与联盟可以涵盖风险管理、产品创新、信息共享等多个方面，从而提高整个行业的风险抵御能力。例如，在信息共享方面，金融机构可以建立统一的数据平台，通过共享客户信息、交易数据等，提高对市场的洞察力，降低信息不对称的风险。此外，在产品创新方面，金融机构之间可以进行联合研发，推动行业更快速地适应市场需求变化。合作与联盟不仅有助于提高行业整体水平，也有助于金融机构更好地服务实体经济，共同推动物流金融行业的可持续发展。

4. 服务实体经济

服务实体经济是中国物流金融行业可持续发展的主要目标。首先，金融机构需要深入理解实体经济的需求。通过与企业深入沟通，了解其生产、供应链和资金流动等方面的具体情况，金融机构可以更好地制定金融产品和服务。深入理解实体经济的需求可以帮助金融机构更准确地定位市场，设计更具竞争力的金融产品。例如，通过了解企业在供应链中的融资难点，金融机构可以推出更灵活的供应链金融产品，满足企业的实际需求。金融机构还可以通过与实体企业建立战略合作关系，共同探讨解决方案，推动金融服务的深度定制。

中小微企业是中国经济的重要组成部分，但其融资难、融资贵的问题一直存在。金融机构应当关注中小微企业的融资需求，通过创新融资产品和服务，为其提供更具吸引力的金融支持。首先，金融机构可以推出适应中小微企业特点的融资产品，如小额信贷、创业贷款等。通过降低融资门槛，金融机构可以更好地服务中小微企业，助力其发展壮大。其次，金融机构可以通过数字化技术和大数据分析，更准确地评估中小微企业的信用风险，为其提供更优惠的融资条件。服务中小微企业不仅有助于缓解其融资难题，也能够促进实体经济的健康发展。

农业是中国经济的重要支柱，农业金融的创新对农业现代化的发展至关重要。金融机构可以通过创新农业金融产品，支持农业产业链的升级和现代化建设。首先，农业保险的创新是农业金融领域的一大亮点。通过引入科技手段，如遥感技术、气象数据分析等，金融机构可以提供更精准、智能的农业保险产品。这有助于农民降低因自然灾害、气候变化等带来的风险，增强其生产信心。其次，金融机构还可以推出适应农业产业链的供应链金融产品，支持农业企业的融资需求。通过深度参与农业产业链，金融机构能够更好地理解农业企业的经营状况，提供更灵活、贴心的金融服务。

5. 风险管理与合规创新

风险管理与合规创新是物流金融行业稳健发展的保障。

首先，金融机构需要借助先进的技术手段加强风险管理。通过大数据分析、人工智能等技术，金融机构可以更精准地识别和评估风险，提高决策的准确性和效率。例如，通过建立智能风控系统，金融机构可以根据客户的历史交易数据、行为轨迹等信息，实现对信用风险的实时监测和评估。大数据技术还可以通过对市场数据的分析，帮助金融机构更好地理解市场趋势，及时调整风险管理策略。风险管理的先进技术手段不仅提高了风险防范的水平，也为金融机构创新产品和服务提供了更可靠的数据支持。

其次，合规创新是金融机构在风险防控方面的重要手段。随着监管力度的不断加大，金融机构需要通过合规创新，确保其业务活动符合国家法规和监管要求。在合规创新方面，金融机构可以通过引入区块链技术实现交易数据的透明和可追溯，建立更加安全可靠的业务环境。区块链技术的去中心化特点为合规创新提供了新的思路，通过建立分布式账本，实现对交易过程的全程监控。金融机构还可以通过合规创新，建立更加完善的客户身份识别体系，提高金融服务的安全性。通过与监管机构的紧密合作，金融机构可以更好地理解监管政策的动向，提前进行合规调整，避免法规变化导致的业务风险。

综上所述，在中国物流金融发展的道路上，创新思路是引领行业未来的灯塔。技术创新、金融产品创新、合作创新等多方面的努力将为行业注入新的动力，推动中国物流金融行业向更高水平迈进。随着中国经济的不断发展和变革，我们期待看到更多创新的火花在物流金融领域绽放，为实体经济的繁荣发展贡献力量。通过深入挖掘技术潜力、创新金融产品、加强合作与联盟、服务实体经济和强化风险管理与合规创新，中国物流金融行业将迎来更为充实和繁荣的明天。正如一句古语所云："革新创业，勇毅前行。"愿中国物流金融行业在创新的征途上不断探索，为国家经济的繁荣贡献更大的力量。

5.4 物流金融的运作模式及创新

物流金融的运作模式一直在不断演进，以适应行业发展和市场需求的变化。在这一进程中，创新成为推动物流金融发展的关键因素，涌现出各种新型运作模式。本节将对传统物流金融模式进行分析，并对创新趋势进行探讨。

5.4.1 传统物流金融模式

物流金融的运作模式指的是什么？这是需要首先回答的一个问题。根据物流与金融企业在实践中的多年探索，物流金融的运作模式主要是指物流金融运作的形式、流程、方法与结构的有机结合。我国传统的物流金融业务按照其业务范围一般可分为三类运作模式：一是物流结算金融模式，二是物流仓单金融模式，三是物流授信金融模式。其中，物流结算金融模式又可分为代收货款业务、垫付款业务、银行承兑汇票业务三项主要业务。经过十多年的实践探索，并且国内学者对我国传统物流金融运作模式理论的研究论证已十分严谨而充分，因此笔者不再做过多赘述。这里仅选取我国物流金融的传统运营模式中，在金融机构、物流企业及资金需求企业中实际应用最频繁、最广泛的两种运营模式作为切入点，深入剖析我国传统物流金融运作模式业务创造过程。

1. 权利质押物流财务模式

收费权模型是典型的仓单质押模式，是企业参与下的权利质押业务。它是在签订仓储保管合同的基础上，以物流企业出具的仓单为核心，同时，资金需求企业以仓单为担保，向银行申请质押担保贷款。从物流金融的角度来看，质押仓单的价值作为融资对价的价值、融资期限、资金金额、贷后管理等均以质押仓单为基础。一般传统理论认为它将扩大仓单质押融资业务的适用范围，提高风险管理的准确性。然而，由于我国仓单质押融资业务的实际情况不容乐观，风险防范与控制体系并不完善且长期处于探索阶段。加之"上海钢贸案"等重大风险事件的发生，让从业者对这一传统模式潜在的巨额损失风险心生畏惧。其外显结果就是该物流金融运作模式在国内发展速度急剧放缓，仓单的作用更多的是作为库存证明。

2. 动产质押物流金融模式

动产质押物流金融业务模式，又称库存质押融资，是指以自有有色金属、钢铁、纸浆、粮食和食品、家用电器、汽车、原油等社会公众认同的具有稳定价值和市场流动性的资本需求型企业的动产作为担保物，向商业银行等金融机构出质以获得贷款的业务活动。由于商业银行缺乏保管动产的专业场地、设备和人才，便将质物委托给具有合法保管动产资格的物流企业进行保管。事前筛选质押动产品种是该模式风险防控的基础和前提，虽然这能在一定程度上规避商业银行的风险，但如果风险真的来临，商业银行很难抵御质押动产价格剧烈波动导致的质押品价值低于贷款金额的资金损失风险。

5.4.2 传统物流金融模式的弊端

上述传统物流金融运作模式在实际运用中存在诸多弊端。其中，动产质押物流金融模式蕴含质押物价格波动、损毁灭失、重复质押等多方面风险。为降低这些风险发生的概率，银行要求物流企业必须对质押产品价值进行全面评估，制定控制风险的措施，评估质押产品在法律层面的所有权和市场功能价值的变化情况等。一旦价值下降，要求质押方及时提供相应的补偿措施。然而，如此严苛的要求，对于资源有限的大多数物流企业来说无疑是难以完成的任务。

动产质押物流金融模式蕴含的风险也不容小觑。一是有效控制供应链方面的风险，二是质押物贬值的风险。为了防范这些风险，物流企业需要实时掌握质押产品市场价值变动信息，以防止价格下跌造成的经济损失。这个举措看似很简单。事实上，物流企业需要建立一个有效的质押信息收集平台,确保银行和物流公司在任何时候都能保持良好的合作。这些要求对于物流企业来说未免太过严格,现实中难以保证时时处处满足要求。由此可见,我国物流金融传统运作模式的最显著弊端就是风险较大,且银行与物流企业的风险控制措施实际操作性不强,效果堪忧。

5.4.3 创新趋势

目前我国物流金融实践中,主要以库存为基础进行质押融资,其中最关键的环节是企业的信用评估。基于存货的质押融资运作模式的优势在于操作程序简单、权责分明、责任清晰。然而,这种模式对企业的信用评级比银行贷款更为宽松,意味着问题更有可能出现在对质押物品的监督和控制方面。因此,我们需要结合物流实践,在摸索和积累经验的基础上,对我国现行物流金融运作模式的创新点进行分析研究,进而梳理我国物流金融长远发展的创新模式。

1. 基金投资与股权证券模式——物流地产模式

物流地产作为经营专业化、现代化物流设施的载体,最典型的运作模式就是美国物流房地产企业的经营模式。作为物流房地产开发企业,它会根据物流企业客户的需求选择合适的地址、投资和建设物流企业业务发展所需的现代物流设施,如仓储中心、配送中心等。物流地产从业务属性上划分应归入工业地产的范畴,但在具体经营中,投资商在投资开发物流设施后并不会直接出售,而是长期租赁给物流企业,从而获得长期回报,因而具有长期投资的金融属性。随着物流地产业务资金需求的不断扩大,投资主体也随之多元化,基金、股票等风险资金纷纷参与其中,凸显出其基金投资与股权证券模式的特征。现代物流地产的范畴包括物流园区、物流仓库、配送中心、分拨中心等物流业务的不动产载体。与传统的物流金融业务相比,它的收益更稳定,风险更易防控,并且由于它更强调管理的现代化、规模效应、协同效应,展现出更加巨大的发展潜力。

2. 物流金融保理模式

物流保理业务又称物流行业的托收保付,是指在签订商品销售或服务合同的前提下,商品交易的卖方将其现在或未来的应收账款转让给保理公司,由保理公司为其提供融资、买方信用评估、销售账户管理、信用风险保险、收款等一系列服务的全新物流财务运作模式。它是一种委托第三方(保理公司)管理应收账款的方法,目的是加强对应收账款的管理,提高卖方在商业交易中以托收和信用方式支付的流动性。当前物流金融市场中的保理业务主要是将供应链的优势部分嵌入保理业务中,进行应收账款转让融资,常见的有直接保理、反向保理、保理池融资以及票据保理融资等业务形态。

3. 物流融资租赁模式

融资租赁运作模式也是物流金融创新运作模式的成果之一。其一般模式是承租人提前对租赁项目提出具体要求，并选择供应商。出租人从供应商处购买租赁物，租给承租人使用，承租人分期向出租人支付租金。值得注意的是，租赁物的所有权在租赁期内从未转让，出租人在租赁期内始终拥有租赁物的完整所有权。承租人仅拥有租赁物的使用权。租赁期届满后，承租人应当按照融资租赁合同的规定支付租金。物流融资租赁是集融资、贸易和技术更新于一体的新型物流融资运营模式。由于融资与租赁相结合，投资者可以灵活处理问题，租赁公司可以回收和处理租赁项目。因此，在融资时，对企业信用和担保的要求并不高，非常适合中小企业融资，应用前景十分广阔。

"未来的物流企业谁能掌握金融服务，谁就能成为最终的胜利者。"这是 UPS 的重要发展战略之一。随着中国金融市场的日趋成熟，物流金融的传统服务模式会逐渐向价值链的两端不断延伸，如提供电子商务服务、金融服务等衍生服务。提供物流金融创新运作模式的衍生服务必将成为金融机构与物流企业共同的发展方向。与此同时，金融机构和物流企业在市场经济中所遵循的生存与发展的规则也越发凸显出来，那就是优胜劣汰、适者生存。这与生物在自然环境中的演化规则如出一辙。展望我国未来物流金融的运作模式，传统模式很多已经不能满足当今日益壮大的市场和不断多样化的需求，该淘汰的就应当淘汰掉。同时，只要能创新物流金融的运作模式，商业银行就可以开辟中小企业融资的新渠道，物流企业就能率先抢占先机，将物流金融变为企业的重要利润来源。

课后习题

一、名词解释

物流金融
权利质押物流财务模式
物流金融保理模式

二、思考题

1. 结合案例分析我国物流金融信息化水平及其对企业的影响。
2. 分析权利质押物流财务模式的优缺点，并讨论如何完善其风险防范与控制体系。
3. 简述物流金融的运作模式及创新趋势。

第 6 章

供应链金融的风险管理

学习目标：

1. 了解供应链金融风险的特征及相关分类。
2. 学习和掌握供应链金融风险的识别及评估，了解相关的评估指标。
3. 了解供应链金融风险控制的相关理论。
4. 了解供应链金融风险管理方法。

导入案例：

南京银行："鑫云+"打造金融共享生态圈

南京银行具有29年发展历史，已经在全国建立17家分行，包括北京、上海、杭州等地，共计173家营业网点。从2013年开始，该行开启战略转型，聚焦综合化经营。南京银行的资产规模在2016年突破万亿元，跻身"万亿俱乐部"。南京银行主动拥抱互联网金融和大数据，将金融科技作为转型发展的突破口之一。南京银行与阿里云、蚂蚁金服联合创新，提出建设"鑫云+"平台，以此为依托，重新定义金融、努力成为中小银行和行业平台的连接者，打造与实体经济、金融科技企业深度融合的共享生态圈。

一、互联网金融业务大爆发带来的技术挑战

伴随互联网金融的快速发展，2014年南京银行率先推出直销银行"你好银行"创新品牌，为广大互联网客户提供创新的金融服务。尤其是"简单贷款"，即"你好E贷"产品，是南京银行利用社保和税务数据为客户提供的纯线上融资服务。产品一经推出，受到客户广泛好评，并被中央电视台普惠金融专题报道。同时南京银行的消费金融业务也快速发展，从2006年与法国巴黎银行战略合作开拓消费金融业务领域，经过十余年发展，南京银行整个消费金融业务的线下销售规模达到120亿元。最近，消费

供应链金融

业务主动向线上转型，对接各类互联网平台。经过几年发展，线上业务规模迅速增长，接近 110 亿元。在 2016 年开展线上消费金融业务之前，南京银行业务系统里管理的借据只有 20 万单。不到一年，管理的借据增加到 500 万单。随着管理业务数量不断增加，其对消费金融线上平台的技术要求也越来越高，要求技术平台能够快速处理大规模高并发业务。而传统 IT 架构已经远远不能满足线上消费金融业务发展的处理需求。2017 年初，南京银行尝试将消费金融业务上云。通过与网商银行等互联网银行的交流，南京银行认为当时互联网技术在金融方面的应用已经趋于成熟。2017 年 9 月，南京银行最终决定与阿里云、蚂蚁金服达成战略合作，将消费金融业务全部迁移到私有云上。

二、"抱团取暖"策略催生"鑫云+"平台

南京银行在自身发展过程中一直倡导开放，并与区域中小银行协同发展、合作共赢，抱团取暖。早在 2013 年 10 月，南京银行联合广大中小银行，牵头成立了鑫合金融家俱乐部，共有七个专委会。这些专委会在各自的专业领域共同发展，其中金融科技专委会主要负责两方面的工作：一是信息共享、二是技术合作。为了更好地促进同业业务合作，南京银行牵头打造了"鑫E家"同业合作平台。目前，该平台已有注册机构 165 家，交易金额突破 750 亿元。为了更好地支持俱乐部的业务发展，2016 年 8 月，南京银行成立了鑫合易家信息技术有限公司。同时，开放的南京银行十分注重向中小银行的技术输出，目前已经将消费金融的风控技术和业务模式输出给广大中小银行，且已覆盖全国 13 个省（区、市）68 个城市。当南京银行准备把消费金融业务搬上"云"时，发现很多中小银行也有互联网业务的诉求，且面临着诸多挑战，包括区域和规模限制、创新产品少、与大型互联网平台的合作机会少等。为此，南京银行又创新提出建设"鑫云+"互金平台，希望可以降低中小银行发展互联网业务的门槛，并通过云计算有效降低单账户的管理成本。"鑫"代表鑫合俱乐部，齐心向前、合力共赢；"云"代表互联网，拥抱未来、云融协同；"+"代表连接叠加，叠加无限可能。

三、"鑫云+"打造金融共享生态圈

"鑫云+"平台提出了"1＋2＋3N"的业务合作模式，"1"代表一家银行，即南京银行，"2"代表阿里云和蚂蚁金融云，"3N"分别代表医、食、住、教、产、销等 N 个场景，旅游、电商、快递等 N 个行业平台，以及 N 家以鑫合金融家俱乐部成员行为主的中小银行。"鑫云+"互金平台是连接者，一边连接数据，一边连接金融，两边打通，就好像打通了任督二脉，将带来无限创新可能。"鑫云+"互金平台专注于技术和服务的共享，不侵害中小银行的业务利益，南京银行希望与广大中小银行共同拥抱互联网。南京银行"鑫云+"平台既严谨又开放、既强大又普惠；平台具备了 Internet Natvie（基于互联网）、Cloud Native（基于云）、Data Native（基于数据）这三大支柱，同时也是第一个从 IaaS 到 PaaS 以及数据库、风控技术、大数据等完全使用互联网技术的

平台，具有典型代表意义。

蚂蚁金服与南京银行的战略合作绝不仅仅是一个软件技术的输出。技术服务涵盖了大数据，可以帮助南京银行打造一个全新的银行，同时还输出了风险控制能力等，已经超越了传统金融机构与 IT 公司的单纯职能合作。目前，"鑫云＋"上推出的第一款产品是联合贷款，将整合各家银行的能力来满足日益扩大的线上消费金融需求。作为开放平台，"鑫云＋"未来可能会推出更多业务场景。这里开放的不仅是南京银行的产品和场景，还会开放其他成员行具有地方特色的场景和产品，通过一个个创新点连接起来，共同打造创新的线上金融生态圈，最终降低用户的资金使用门槛，真正实现普惠金融。

6.1 供应链金融业务面临的风险

供应链金融作为一种新型金融业务形态，发展势头强劲，在解决供应链上下游企业融资难题、协调供应链管理等方面都发挥了积极作用。核心企业通过自身信用为上下游企业增信，可以将融资需要转移给上下游企业，减少自身刚性负债规模。一方面，可以通过低成本融资，甚至零成本融资直接获利，推动自身发展；另一方面，可以通过帮助上下游中小企业获得融资，缓解资金压力，进而促进整个供应链的健康发展。

6.1.1 供应链金融的概念

供应链金融（supply chain finance，SCF），是商业银行信贷业务的一个专业领域（银行层面），也是企业，尤其是中小企业的一种融资渠道（企业层面）。它是指在分析供应链内部交易结构的基础上，运用自偿性贸易融资的信贷模型，并引入核心企业、物流监管公司、资金流导引工具等风险控制变量，对供应链的不同节点提供封闭的授信支持及其他结算、理财等综合金融服务。

供应链金融是核心企业与银行间达成的一种面向供应链所有成员企业的系统性融资安排。一般来说，一个特定商品的供应链从原材料采购到制成中间品及最终产品，最后由销售网络把产品送到消费者手中，将供应商、制造商、分销商、零售商、最终用户连成一个整体。在这个供应链中，竞争力较强、规模较大的核心企业因其强势地位，往往在交货、价格、账期等贸易条件方面对上下游配套企业要求苛刻，从而给这些企业造成了巨大的压力。而上下游配套企业恰恰大多是中小企业，难以从银行融资，结果最终造成资金链十分紧张，整个供应链出现失衡。

供应链金融最大的特点就是在供应链中寻找出一个大的核心企业，以核心企业为出发点，为供应链提供金融支持。一方面，将资金有效注入处于相对弱势的上下游配套中小企业，解决中小企业融资难和供应链失衡的问题；另一方面，将银行信用融入上下游企业的购销行为，增强其商业信用，促进中小企业与核心企业建立长期战略协同关系，提升供应链的竞争力。在"供应链金融"的融资模式下，处在供应链上的企业一旦获得银行的支持，资金这一"脐血"注入配套企业，也就等于进入了供应链，从而可以激活整个"链条"的运转；而且借助银行信用的支持，还为中小企业赢得了更多的商机。

6.1.2　供应链金融风险的特征

供应链金融风险的定义有广义和狭义之分。广义上是指供应链金融运行中预期收益与实际收益的偏离，强调引起各种损失的可能性。基于供应链金融系统的复杂性和参与主体的多元化，狭义上是指处于供应链背景下的商业银行融资服务中面临的各种风险，导致交易对手违约所造成的损失，从而无法达到供应链金融风险管理的目标。它不仅包括贷款企业自身的信用风险，还包括供应链核心企业的信用风险、质押物的市场需求、质押物的价值评估以及仓库监管等多方面的交易风险。

供应链金融所带来的风险仍然可以影响银行对信贷资金收回的时效性、周期性以及产生呆账的可能性。尽管银行在一定程度上解决了与贷款企业的信息不对称问题，但根据供应链金融的特点，银行仍然需要借助核心企业，以及第三方仓储物流公司的参与和监管，但仍不排除多方合谋骗贷的情况。因此，供应链金融的风险具有复杂性、主观性、模糊性和不确定性等特征。

6.1.3　供应链金融的风险分类

虽然发展供应链金融可以带来多方"共赢"的结果，然而，供应链金融同样存在着各种各样的风险。有效地分析和控制这些风险是供应链金融取得成功的关键。作为一种金融创新，它所面临的金融风险主要包括：

1. 核心企业信用风险

在供应链金融中，核心企业占据着主导地位，在获取现金流、物流、信息流等方面具有显著优势。因此商业银行一般情况下，都会综合考量核心企业的综合实力、市场份额、信用等级、供应链管理能力，作为科学评估中小企业信用等级、识别信用风险的依据。核心企业对中下游企业的影响是最直接的，是它们生存状况、交易质量的决定因素。一旦核心企业受到抵押物贬值、生产经营状况不佳等因素的影响面临信用风险，那么这种风险也会在短时间内传导到供应链的上下游，严重扰乱供应链产业链的安全性。究其原因，是核心企业与上下游企业的信用捆绑在一起。在核心企业负债超过自身承受能力的情况下，极易产生金融产品逾期兑付问题。此外，当核心企业的行业地位被竞争对手赶超时，为了持续维持企业运作，个别核心企业会选择通过各种方式来掩盖交易双方的运营情况。严重时，为了达到融资的目的甚至会出现不规范的串通融资行为，然后利用这部分资金进行操作。

2. 上下游企业信用风险

商业银行在开展供应链金融信贷业务时，一般会综合应用多种信用支持技术，力求有效突破银行与企业之间的信息壁垒，彻底解决信息不对称问题，最大限度地降低供应链上中小企业的信用风险。然而，由于企业经营规模有限，供应链上中小企业在长期经营中难免存在不稳定因素，比如治理机制不完备、基层队伍不稳定、技术力量薄弱等。此外，个别企业还存在经营行为不规范、财务报告可信度不高、守信约束力不强的问题，这些都会诱发不同程度的信用风险。另外，从供应链视角来看，中小企业的信用风险不仅受到自身风险因素的影响，同时供应链的运营绩效、业务交易状况、链上企业合作情况等也会直接对中小企业产生影响，进而引发信用风险。

3. 贸易背景真实性

供应链金融最大的特征就是交易结构设计的自偿性，而真实的贸易背景则是授信融资实现自偿的根本保证。商业银行办理供应链信贷业务，是建立在真实交易基础上的，对应收账款、预付账款、存货等交易流程中生成的各种数据资料进行全面的收集，接着采取多种方式为上下游中小型企业提供高质量的供应链金融服务。如果缺少真实交易背景，就意味着贸易合同可能被伪造、质押物权属存在瑕疵，这属于恶意套现行为；如果在授信借款时，未能严格考察贸易背景的真实性，极容易面临严峻的信用风险。

4. 物流监管方风险

供应链金融模式下，监管方在物流方面具有无可比拟的规模优势和专业优势。商业银行为了合理减少质押款贷款成本，一般会选择将质押监管委托给第三方物流公司，由他们负责全程监管货权。然而，物流监管业务一旦外包，商业银行将无法动态实时掌握质押物所有权、质量、交易等方面的信息，会受到信息不对称的影响。物流监管方可能出于自身利益考虑而做出不规范行为，严重损害银行利益，进而诱发物流监管风险。举例来说，一些物流仓储人员在无实物的情况下随意出具仓单、入库单等凭证，协助企业隐瞒事实真相，进而骗取银行贷款；伪造出入库登记单，在未取得出质人同意的情况下，擅自使用或处理质押物，未能严格依照法律规定履行监管职责，造成实

物质量不符合规定要求或者出现价值损失。

5. 信息化程度较低

供应链金融的信息化程度是影响其效率和稳定性的重要因素。然而,我国供应链金融行业的信息化程度仍然较低。许多供应链金融企业缺乏现代化的信息技术手段,无法实现供应链信息的实时共享和整合,导致供应链金融的运行效率低下。信息化程度的不足也使得供应链金融企业难以对市场变化作出快速响应,无法有效地进行风险管控和业务拓展。

6. 融资模式单一

当前,我国供应链金融的融资模式较为单一,主要以传统的银行信贷为主。这种单一的融资模式不仅限制了供应链金融业务的拓展,也难以满足不同类型企业的融资需求。由于银行信贷的限制条件较多,一些中小企业和新兴产业在融资方面面临较大困难。因此,创新融资模式,发展多元化的供应链金融产品和服务,是当前我国供应链金融行业亟待解决的问题之一。

7. 缺乏专业的供应链金融人才

供应链金融业务需要具备丰富专业知识和技能的人才支持。这些人才不仅需要掌握金融知识,还需要对供应链管理、风险管理等领域有所了解。然而,我国供应链金融行业在人才培养方面仍存在不足,缺乏既懂金融又懂供应链管理的复合型专业人才。这不仅影响了供应链金融业务的开展和质量,也制约了我国供应链金融行业的进一步发展。

8. 法律法规不完善

供应链金融行业的发展需要健全的法律保障体系。然而,目前我国供应链金融行业的相关法律法规还不够完善,缺乏对供应链金融业务的有效监管和规范。这可能导致供应链金融业务中存在一些法律风险和合规问题,给企业的经营带来一定的不确定性和风险。由于法律法规的不完善,一些不法分子也可能利用供应链金融进行违法犯罪活动,对行业形象和信誉造成不良影响。因此,完善相关法律法规,加强对供应链金融业务的监管和规范,是当前我国供应链金融行业亟待解决的问题。

9. 宏观经济环境变化带来的风险

整体经济环境的变化,例如经济增速下行,使得作为经济社会基本单元的企业难以独善其身,尤其是抗风险能力弱的中小企业。整体经济环境向不利方向变化,很容易引发借款企业的信用风险。

> 专栏

大连机床骗贷案

2016 年 9 月至 11 月间（违约之前），大连机床等通过虚构应收账款、伪造合同和公章等方式，从中江信托"骗"得资金 6 亿元，涉嫌经济犯罪。据南昌中院查明，2015 年底，大连机床集团有限责任公司因资金周转困难，大连机床法定代表人、董事长陈永开指示大连机床副总会计师兼被告人徐晓光等人负责向外融资，并要求时任大连机床营销有限公司（系大连机床子公司，以下简称"大连机床营销"）副总经理兼被告人孙欣裕全力配合财务部门的融资工作，并指使被告人徐晓光、孙欣裕等人在进行融资时无论融资单位需要什么材料都要想办法提供。

因大连机床迫切需要对外融资，并与中介机构签订了融资顾问服务协议。2016 年 6 月，经中介之间层层传达，徐晓光联系上中江国际信托股份有限公司（以下简称"中江信托"）。中江信托表示可以向大连机床出借资金 6 亿元，但对方需要具备相应的融资条件。大连机床经中介传达后与中江信托确定以大连机床营销与惠州比亚迪的应收账款债权向中江信托融资，但大连机床营销与惠州比亚迪只有 600 余万元的应收账款，达不到中江信托的融资条件。

据法院查明，徐晓光在明知大连机床与惠州比亚迪的应收账款债权无法获得 6 亿元资金的情况下，仍受陈永开的指使，要求孙欣裕再次提供一份虚假的惠州比亚迪向大连机床营销采购 3500 台机床的《设备采购合同》。

孙欣裕在明知该份虚假合同用于向金融机构贷款的情况下，仍然安排丁某、王某再次制作了该份 3500 台机床的《设备采购合同》，虚构应收账款 7.833 亿元，加盖之前伪造的"惠州比亚迪电子有限公司"合同专用印章，并将该假合同提供给被告人徐晓光。被告人徐晓光则将该份假合同用于向中江信托申请贷款。此外，为取得中江信托的信任并迎合中江信托发放贷款的要求，被告人徐晓光还谎称大连机床拥有一份《三方协议》，该协议主要内容为如果惠州比亚迪不能到期支付大连机床 7.833 亿元货款，则由比亚迪股份有限公司（以下简称"比亚迪公司"）代为支付。最终，中江信托与大连机床签署了《应收债权转让及回购合同》，合同约定一年期信托贷款 3 亿元，二年期信托贷款 3 亿元。

6.2 供应链金融的风险管理

随着全球经济的发展，供应链金融在企业经营中扮演着越来越重要的角色。然而，与之伴随而来的风险也日益增加。为了保障供应链金融的安全和稳定，企业需要有效

地管理供应链金融风险。

6.2.1 供应链风险识别及评估

物流企业开展供应链金融服务时，一般需要评估和选择合适的合作企业，与金融机构和客户企业签订相关合同，根据合同为融资企业提供销售、融资等金融服务，为金融机构提供质押审查、监管等服务。在基于供应链金融的第三方物流企业风险评价指标体系的基础上，将识别出的主要金融风险分为三类：信用风险、操作风险和质押风险。

1. 信用风险

信用风险主要是指融资企业由于主观或客观原因未能履行先前的承诺，未能按时或全部向出资方归还贷款，从而给出资方造成损失的违约行为。企业融资是供应链一个非常重要的课题，其信用程度在很大程度上影响了第三方物流企业所承担的风险。融资企业的信用状况、偿付能力和盈利能力是主要评估指标。首先，信用状况基于银行对这些企业的信用评估所获得的信用评级。但由于融资企业一般为中小企业，财务信息透明度低、规模小、资金少，同时信用评级可能与实际情况存在较大偏差，可能导致为融资企业提供不适当、不匹配的金融服务，进而产生风险。其次，偿债能力和盈利能力主要通过融资反映企业及上下游供应商和经销商的经营情况，更直接反映融资企业的偿债能力。物流企业作为中介，与融资方的沟通范围有限，没有直接的联系。如果不能采取有效措施了解融资方的实际经营情况、现金流量和信用状况，而融资方又试图粉饰实际状况，物流企业和银行将难以识别，这可能导致严重的风险。这也是近年来银行在进行供应链融资时，最终成为"货主"，仓储企业频频陷入重复质押事件的原因。

2. 操作风险

在供应链金融业务中，尤其是库存业务和确认业务中，最重要的是控制操作风险。根据上述商业模式的运作流程，涉及的业务流程和环节较多，主要包括协议签订、贷款审核、通知交付、质押监管、到期还款、违约处置等，主体与结构的关系也较为复杂。而我国的供应链风险管理还不成熟，业务运作流程需要进一步修改和测试。本节采用领导和员工素质、内部管理、标准化程度、监管能力和业务运作能力六个指标来反映企业的操作风险。其中，供应链金融给企业带来的风险主要来自企业的标准化程度、监管能力和运营能力。如果企业的制度和监管在操作环节不规范，很容易因信息不对称和金融机构签发虚假提单而造成损失。物流企业的标准化程度和监管能力分别通过流程监管体系和仓库安全指标来体现，操作能力则通过人工操作失误率、业务流程标准化程度、信息化程度和可视化程度来体现。

3. 质押风险

质押是库存质押和确认仓库业务的核心。质押的状况直接关系到物流企业能否顺利向融资企业授信。抵押品的风险来源于抵押品的合法性及抵押品本身的特点,包括市场价格的稳定性、流动性和脆弱性。首先是合法性。在供应链金融业务中,只有融资企业作为出质人合法占有的货物才能进行质押。如果质押品合法性存在问题,银行作为质权人在行使质押权时会遇到问题,无法有效对抗第三方,导致银行质押担保失效,进而导致承担合法质押审查任务的物流企业面临风险。其次,质押品市场价格的下降导致质押品价值缩水,这也是物流企业从事供应链金融业务时经常面临的风险。再次,质押担保最基本的要求是可实现性。如果不能在需要时立即实现,将产生巨大风险。最后,质押物的脆弱性影响其储存、保管和计量方法。对环境和气候敏感的质押物在运输和储存过程中可能会受到一定程度的损害,增加监督、计量和验收成本,影响货物的交易价值和企业收益。

供应链金融模式的风险可依据表 6-1 进行识别。

表 6-1　供应链金融模式的风险点和评估指标

一级指标	二级指标	指标描述
信用风险	信用级别	在银行的信用级别
	偿债能力	资产负债率
	盈利能力	销售利润率
操作风险	领导素质	管理者在本行业持续经营的年限、学历
	职工素质	专业技术、职业道德
	内部管理	组织结构设置
	规范程度	流程监管制度
	监管能力	仓库安全指数
	业务操作能力	人工操作失误率、业务流程标准化程度、信息化程度和可视化程度
质押风险	合法性	质押物来源是否合法
	市场价格稳定性	质物上季价格波动幅度
	变现能力	质物流动性、转换现金能力
	易损程度	质押物自然属性,是否利于保存

6.2.3　供应链金融风险控制理论

我国作为供应链金融刚起步的国家,现有的法规制度和市场建设仍不完善,供应链金融的风险很大,具体通过三个方面进行分析。

1. 信息不对称理论

根据乔治·阿克洛夫（George Akerlof）、迈克尔·斯宾塞（Michael Spencer）和约瑟夫·斯蒂格利茨（Joseph Stiglitz）在20世纪70年代提出的理论，信息不对称是指市场中的一方无法观察和监控另一方的行为，或者无法获得关于另一方行为的完整信息，或者观察和监测的成本很高，这使得双方掌握的信息不对称。在当今的自由市场经济中，当信息不对称发生时，往往会产生两种结果：一是信息优势方经常做出道德上有缺陷的行为，即"道德风险"；二是信息劣势方必须承担信息优势方行为的风险，从而面临逆向选择的困境。由于传统融资模式中存在严重的信息不对称，中小企业自身的信息传递存在局限性。为了减少损失和风险，金融机构要求它们支付更高的利息以获得同样的融资。此时，供应链金融的优势将得到体现。通过引入物流企业对供应链上下游企业的物流、运营等信息进行全面监控和分析，可以减少信息劣势，降低风险，对中小企业融资信用作出更合理的判断。

2. 交易成本理论

罗纳德·科斯（Ronald Coase）在《企业的性质》（1937）中分析企业的性质和范围时，将交易成本的概念引入经济分析，指出交易成本主要包括两项内容：一是获取市场信息的成本；二是谈判、讨价还价和履行合同的成本。因此，他提出通过建立组织机构，由"企业家"管理，将市场中的多种要素组织成一个单一实体企业参与市场交易，以减少市场参与者的数量和交易摩擦，从而降低交易成本，这就是企业存在的本质。

商业银行等金融机构在向中小企业发放信贷时面临较高的调查成本和后续管理成本，这也在一定程度上降低了银行等金融机构向中小企业发放信贷的积极性。供应链将产业链中的所有参与企业视为一个整体，将外部市场交易内部化，通过更顺畅、完整的内部信息流，有助于减少交易摩擦和交易成本。第三方物流企业由于与上下游企业的业务往来，具有共享财务信息、运营信息和物资运输信息的优势，降低了信息收集成本，减少了交易频率以及资产专用性引发的不确定性和机会主义。通过供应链融资和服务确保稳定资本流动的中小企业，也能确保其应收账款及时收回，并保障其物流业务的稳定。

3. 金融风险管理理论

March和Shapira（1987）将风险定义为不确定性导致的预期结果的偏差、分布和概率。随着企业管理者对风险的日益重视，风险管理逐渐应用到企业管理中。在《成本控制与风险管理》中，美国学者Golar将风险管理定义为企业实施的一系列管理与控制活动，如风险识别、风险估计、风险监管和效果评估，以控制资本组织或产品生产过程中的不确定性造成的潜在损失。风险识别是防范风险的重要手段。关键在于如何尽快识别企业可能面临的风险来源和原因，估计风险可能造成的损失。第二，在企业发生风险后，对风险进行定性和定量评估，包括潜在风险可能造成的损失。第三，在实施风险管理、控制或规避措施后，评估企业管理活动的效果，积极总结风险管控的经验教训，为后续风险管理提供参考。

6.2.4 供应链金融风险管理方法

鉴于供应链融资中存在的诸多问题，完善和加强风险管理就成了确保供应链融资健康发展的必由之路。针对上面提到的风险问题，提出了以下几点管理措施：

1. 牢固树立系统化思维

供应链金融终端产品的成功移植，离不开灵活拼接和模块化设计的支撑。然而市场中暂未形成一个成熟的以供应链金融底层为标准的系统。与企业常规的业务运营系统和运行逻辑有所不同，这种系统支持对外移植，在银企之间搭建了一座畅通的沟通桥梁，使供应链金融服务方案能够顺利嫁接。基于特定场景所设计的供应链融资产品在行业步入下行时，极有可能会遭遇淘汰，因此需要从新的市场需求出发，重新寻找全新的场景并重新开发产品，这要求商业银行重复投入成本。有了底层支撑系统，商业银行只需结合具体场景有针对性地嫁接供应链融资产品，就能轻松实现迭代更新。一次性投入成本便可完成多种场景的植入，这对于实现利润最大化具有积极作用。因此，未来商业银行在供应链金融背景下开展信贷业务，应当善于以系统思维为导向，尽快搭建供应链金融操作系统，为各个产业链场景下的个性化融资产品营造系统环境。商业银行应积极引入大数据技术搭建信息平台，依托该平台强化自身的信息获取与应用能力，实现风险信息的互联互通，这样能在一定程度上缓解因信息不对称带来的信贷风险管控压力。客户信息可以分别从内部和外部两个渠道获取：前者主要是通过银行金融平台推出的信贷产品，间接采集信息进而掌握客户的消费情况；后者获取的侧重点在于融资客户的信贷情况。建议商业银行与互联网金融企业、政府机构、物流企业建立深度的合作关系，以此拓展获取融资企业征信、司法、税务、商业交易信息的渠道，努力实现风险管理的全覆盖，为精准识别信贷风险与提前应对风险提供强有力的保障。值得强调的是，必须将获取到的内外部数据充分整合，才能发挥出数据应用价值。

2. 提高供应链准入门槛

在供应链视角下，商业银行应对信贷风险的关键是从长远角度出发，对供应链安全准入门槛加以规范，牢固树立风险防范意识，综合采取多样化方式降低风险发生的概率，持续强化自身的风险处置能力。供应链信贷业务环节中最关键的是准入问题，因为此项业务是以核心企业的经营能力和信用等级为依据，通过库存、应收账款的交易方式达到融资目的，所以必须审慎选择核心企业。商业银行需要综合考虑企业所属行业的发展前景，以及企业自身的核心竞争力、资金实力、管理水平、信用等级等要素，在此基础上筛选出在行业中占据主导地位、生产经营状况稳定、信用等级和资金实力较高的企业。在信贷投放环节，银行一定要安排专业人员深入企业进行全面调研，采集客户反馈和市场反馈信息，根据企业类型有针对性地为其投放信贷，并根据经济环境变化科学控制信贷投放量和投放规模，如此才能从根源上降低信贷风险。对于重要或特殊的需要长期服务的信贷业务，更要着重加大信贷风险识别力度，针对可能出现的信贷风险，与客户面对面商讨风险应对方案，努力使信贷业务规范化，持续推动信贷业务高质量发展。

3. 建立数字信贷评级模式

数字经济新时代，商业银行在开展信贷业务时一定要主动改进现行信用评价系统，积极引入先进的数据挖掘方法，以客户信贷风险为核心，建立完善的风险评估模型，进而建立数字信贷评级模式。在供应链金融领域中，由于部分中小企业的财务报表和抵押物管理制度还不够完善，因此很难通过商业银行的信贷审批。应将机器学习与大数据技术进行深度融合，按照数据收集、行为建模、用户画像、风险定价的顺序来组织业务活动，应用技术手段广泛采集企业的经营、生产、财务、交易等信息，以信息为依据建立标签属性集和客户数据库，从而精准绘制立体化的企业画像，全面掌握企业用户的基本信息、交易偏好、交易特征、经济实力、供应链上的行业地位，在整合这部分数据之后，就能综合判定出企业用户的信用情况、经营稳定性、偿还能力。在此基础上，根据企业用户的信用评估结果，搭建贷后风险管理模型框架，保障信贷决策的科学性，帮助商业银行最大限度地规避、降低信用风险。外部信息分析也是防控信贷风险的必要环节，商业银行应当密切关注市场动态，及时采集客户市场活动信息，并将信息输入到机器学习模型中，自动评估企业的信贷风险等级，进而确定是否批准企业的信贷申请。

4. 建立物流企业审批机制

在供应链视角下的商业银行信贷业务中，第三方物流仓储企业主要承担商品的仓储、运输、保管、质押监管等责任。对于商业银行而言，质押物是控制信贷业务风险的关键要素，因此必须建立第三方物流仓储企业的审核准入机制，为综合考察企业的物流仓储技术、资金实力、行业信用水平提供依据，为供应链信贷业务的安全稳定性保驾护航。商业银行需要加强对第三方物流仓储企业的审查，将其作为审查监管工作的重要内容，采取定期与不定期相结合的方式，细致地核查第三方物流、仓储企业提供的财务数据，比如销售净利率、现金流量比率、流动负债、经营活动现金流量等，并依据这些数据深度剖析其短期偿债能力。如果企业运营一切正常，财务状况良好，意味着企业具备一定的盈利能力，那么即使未来融资企业违约或者质押物存在质量缺陷，也能确保仓储物流企业具备赔偿货物损失的能力，降低商业银行贷款收回的不确定性。另外，商业银行应当与物流协会共同组建专门的考察领导组，负责对第三方物流仓储企业进行规划管理，定期深入第三方物流仓储企业内部开展考察工作，加强监管和指导，逐步建立规范健全的供应链物流管理体系。同时，以征信数据平台为载体，依托大数据技术定期核查第三方物流仓储企业的信用评级变化，一旦发现存在贷款逾期、偷税漏税、拖欠税款等不良行为，需撤销其信用等级，并记录在案。

5. 创新风险应急处置办法

当前，商业银行为了更好地适应供应链模式，一直致力于创新信贷风险防范手段。应急处置作为风险防范中的重要环节，必须持续提升能力，才能将供应链各方的经济损失控制到最低。建议安排业务能力强、经验丰富、责任心强的人员组成专门的应急处置队伍，根据不同类型的信贷风险，编制差异化的解决方案，避免同类风险问题再次出现，切实保障各项工作顺利推进，消除或减少风险事件发生的各种可能性。值得强调的一点是，商业银行所有关于信贷风险的应急处置工作，必须以国家相关规范作为依据，绝不能存在任何违规现象，避免影响到后续工作的落实，最好的办法是定期召开总结分析会议，对一定阶段内信贷风险的应急处置结果、损失弥补、客户维护等展开深入研讨，找准应急处置方向、调整应急处置思路。同时，确立切实可行、科学合理的信贷风险补偿机制，明确划分补偿范围，在实施补偿的同时，密切关注信贷风险的变化，有针对性地指导各方面工作落实，从根源处消除安全隐患。针对长期补偿，一定要重视缩小风险范围、减少风险类型，避免补偿的盲目性，确保信贷风险处理取得理想效果。在实际工作中不断积累经验，探索全新的信贷风险补偿办法，进一步夯实补偿的可靠性，为商业银行的稳健发展提供助力。

6. 抓住数字化经济发展机遇

要充分认识到数字化、智能化为更好监控供应链金融提供了技术支撑，使全方位高水平监管成为可能。当前，我国越来越多的传统行业，包括银行业都在快速向数字化转型，这也是国家倡导的大力发展数字经济的战略要求，数字经济在我国经济中的比重也越来越高。在5G、云技术和人工智能等技术的支持下，数据的生成和获取较之前变得更加容易，物联网技术又让万物互联变成现实，之前一些不太可能获得、不太容易及时处理、无法共享的数据，在数字经济新时代已有了技术解决的可能。这意味

> 供应链金融

着新技术的创新和突破，以及广大核心企业和中小企业的数字化转型和应用，为搭建全国性的数字供应链金融监管平台提供了可能。通过这样的平台，不但可以整合各商业银行机构、各核心企业、众多子链企业的自身数据、第二方数据、第三方数据，还能在更广泛的维度进行大数据分析，进一步提升数字供应链金融整体监测的范围和灵敏度，尤其是通过全国性数字供应链金融监控平台，进行行业管理和行业风险预警成为可能。若能搭建这样的平台，定能让各商业银行机构、核心企业和更多的中小企业享受到数字供应链金融服务带来的实惠。

课后习题

一、名词解释

　　信用风险
　　操作风险
　　质押风险

二、思考题

1. 供应链金融风险主要分为哪几类？
2. 供应链金融风险管理和控制方面有哪些相关的理论？
3. 供应链金融风险管理有哪些具体的方法？

第 7 章

区块链技术赋能供应链金融创新发展

学习目标：

1. 了解区块链技术的含义。
2. 理解区块链技术在供应链金融中的应用以及发展意义。
3. 了解区块链技术在供应链金融中的创新机制。

导入案例：

源庐加佳：大宗商品区块链仓单融资

上海源庐加佳信息科技有限公司（加佳科技）隶属于上海源恺集团。公司成立于2015年，是业内领先的产业数字化服务商。加佳科技依托区块链、物联网、人工智能三大核心技术，为产业链客户提供供应链技术服务、金融产品服务、区块链解决方案定制等全方位的数字化服务，并基于丰富的B2B服务经验和企业数字化实践，助力实体产业转型升级，改善企业生产关系，提高企业生产力。

作为业内领先的产业数字化服务商，加佳科技率先探索了区块链在推动价值传递、促进数据共享、提升协同效率、重塑可信体系等多个方面的价值，并在区块链应用领域深度布局，为产业链客户提供区块链仓单、供应链金融、安全多方计算、动态积分等多项区块链解决方案。在供应链技术服务方面，加佳科技先后打造了加佳大宗供应链管理系统、仓单管理系统、智能物联网监管系统等供应链创新平台，从交易流程、生产管理等各个维度提升实体产业链的数字化能力，为企业降本增效奠定坚实基础。与此同时，加佳科技还面向全产业链客户提供包括存货融资、应收账款融资、采购融资、在途融资、生产企业全周期融资在内的金融服务解决方案，以区块链技术推动金融数据共享，并辅助金融风控，将数字技术植根于场景应用，切实解决中小企业最关心的融资问题。

一、具体实施过程：加佳区块链仓单融资

加佳区块链仓单是加佳科技为大宗商品产业端打造的仓单 2.0 开放生态，通过区块链及智能物联网技术对仓储物流环节进行整体升级，并与银行、保险、交易系统实现互联互通，建设分布式、可信的区块链平台，为仓单业务闭环提供系统及数据基础。2021 年 4 月 30 日，加佳科技助力港交所前海联合交易中心（QME）首笔区块链仓单融资业务成功落地。该笔融资由上海银行向江铜华北（天津）铜业有限公司提供，加佳科技为其提供了区块链、物联网等技术支持，对仓单质押融资中各环节存在的潜在风险进行了有效管控，具体包括以下环节。

1. 仓单数据可信采集

大宗商品行业的监管方式较为落后，各仓储公司的系统一般以独立部署为主，存在极大的人为篡改或造假风险。此外，由于仓储管理和作业大多采用人工操作方式，业务数据的真实性缺乏有效的验证机制。加佳科技利用物联网技术，将仓储管理、作业流程及数据第一时间同步至区块链，确保源头数据的真实性，且一旦数据上链，所有数据将无法篡改（见图 7-1）。

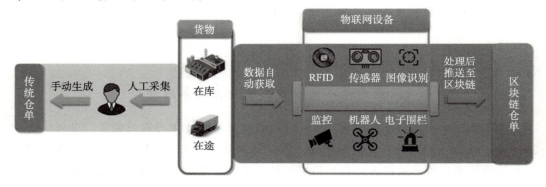

图 7-1　区块链 + 物联网示意图

2. 仓单数据存证

大宗商品行业信息化发展不均衡，行业缺乏成熟的统一标准，各个企业内部及企业之间存在严重的信息孤岛问题。利用区块链技术可以有效地解决行业痛点，通过其去中心化的分布式账本技术、多节点存储、多节点验证、共识节点背书等为产业链生态中各种不同角色的企业提供区块链仓单服务，实现仓单数据共享和仓单存证功能（见图 7-2）。

3. 仓单数据溯源

加佳区块链仓单利用加密及分布式存储技术，使仓单数据不可篡改。且区块链中存储的数据天然具有时序属性，每次数据变更均会产生一条新的记录和与之对应的唯一哈希值，并打上时间戳，放在区块的末端，使每次变动都在区块链上留下记录。

第 7 章 区块链技术赋能供应链金融创新发展

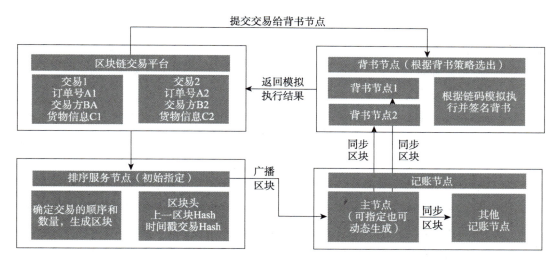

图 7-2 区块链仓单链上背书示意图

区块链技术使得同一件货物的全生命周期溯源成为可能，最终用户将能通过区块链随时查看货物数据的变更情况。

4. 多方共识多方背书

通过区块链技术出具的仓单不同于传统由仓库单方面出具且只能由仓库进行记录和维护的标准化仓单，区块链仓单由各个参与方按照共识机制共同记录和维护，同时背书节点通过智能合约，可以对仓单进行校验和背书，提升供应链全流程中的造假成本，降低虚假贸易的风险，帮助有资金需求的客户提升资产质量，顺利获得融资（见图 7-3）。

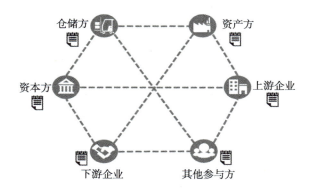

图 7-3 区块链仓单参与方示意图

该项目实施的经济效益包括：助力企业获得新增融资 6000 万元，融资年化利率低至 4.85%。

该项目实施的社会效益包括。

（1）这是业内首笔区块链技术支持的铜杆仓库仓单线上融资业务，打破了基于企业主体信用的传统融资模式。大幅提升了大宗行业产业链上下游的交易、仓储、物流、资金等关键业务数据的融通，为大宗行业信息孤岛问题提供了有效的解决方案。

（2）为大宗商品领域的数据采集标准化提供了完整的流程和工具，为数据要素的可交易可流通提供了关键基础。

（3）通过平台的应用，实现了产业数据的公开透明、不可篡改与集体维护等功能，降低了整个产业信息的不对称，从而建立了新的信任机制，使得产业数据要素更合理地流动和配置，以服务于整个大宗商品产业。

（4）物联网与区块链的结合，确保了货物数据的真实可靠，满足了金融风控需求，帮助有资本需求的中小型实体企业和有资产需求的金融机构实现有效对接，让金融反哺实业，以实业做强金融，助力产业高速发展。

加佳科技成立以来，共控股 9 家企业，业务遍及中国、日本、加拿大等地，并通过数字化服务成功赋能天津、江西、江苏、安徽等多个产业核心集聚地。目前，加佳科技共服务大宗核心客户 1000 多家，大宗交易订单规模达 500 亿元/年，帮助中小企业累计融资逾 80 亿元。

7.1 区块链相关概念概述

区块链拓展主要是以分布式账本数据库作为基础，促使企业在供应链金融业务中实现数据信息监管，提高金融业务交易及支付结算效率，在融资的过程中提高信任传递效果，解决企业供应链融资难等问题。在供应链金融业务开展中，以区块链拓展技术作为企业应收账款管理的基础，在不改变金融业务贸易的情况下，实现自动化拆分，解决企业供应链在拓展中存在的融资难题。

区块链等新技术具有强大的数据采集、分析等功能，为供应链金融提供技术上的强大支持，使供应链金融服务更加安全、可控，是一种提高经济效益的重要方式。然而，在供应链金融中应用区块链技术亦存在风险，因此应深入研究区块链金融服务，促进实体经济稳定发展。

7.1.1 区块链技术概述

区块链起源于 2008 年中本聪提出的比特币，其实质是数据共享和数据记录保存的不可逆性，其本质是多方分布区块的去中心化数据库，区块之间通过链条连接的分布式数据库。区块链技术允许企业在内部网络中进行透明的信息共享，为企业构建高级数据库机制，并在没有网络共识的情况下不得删除或修改。因此，使用区块链技术创建不可更改的分类账，以便跟踪订单、付款、账户和其他交易。

在现代金融中，区块链技术发挥着重要作用，它是分布式数据库这一先进技术在实践中发挥效用的一种方式。区块链由不同的、多样化的区块构成，单独来看，每个区块都含有诸多交易记录，从而形成大型链条，各个区块中都存在带有自身特点的哈希码，同时与前一个区块密切相关，即包含前一区块的哈希码。从区块链的应用来看，它属于分布式数据库并且有不可篡改的特性，在交易时，为各方提供保障，确保其交易记录处于良好状态。

区块链的关键技术：第一，共识机制是成员之间协商、共同决策，决定数据处理、记录和管理的权限及规范操作，同时权限的扩大也必然带来维护义务的提升；第二，分布式存储区别于以往单一中心和少数中心的数据存储技术，业务和交易的各种数据在发生时，其利益相关的各方均会对其进行实时记录，并附上唯一且不可更改的时间戳，并将信息存储在各自的区块节点上，实现数据共享和相互间的数据印证；第三，智能合约是指在区块链上的各方在达成共识机制的条件下，对交易和业务的发生设定一个门槛值，无须第三方操作，交易双方设定交易和业务成交的条件，当双方条件互相匹配时，联盟链上就会自动匹配条件，执行交易。

7.1.2 供应链金融内涵及融资方式

关于供应链金融，可以理解为微观意义上的金融形式，与企业的经营密切相关。结合文字理解，其需要供应链的支持，进而应用于融资中。供应链金融服务为中小企业发展带来技术支持，推动企业与供应商、经销商等开展合作，获得金融支持。在此阶段要依托核心企业提供担保，在这一过程中要注意核心企业的信用情况，以降低中小企业在融资等环节的违约风险。供应链金融使融资更加高效，有利于解决中小企业的财务难题。在一般的供应链金融中，核心企业通常是行业龙头企业，供应商等参与其中；而供应链金融中的金融机构，指的是当企业资金不足时，可以为企业提供信贷支持的组织。

供应链金融是一种将物流、信息流、资金流三者融合发展的融资业务创新模式，用以解决供应链中存在的资金需求问题，为企业产业交易双方提供便利，形成适合企业发展的紧密链状结构。供应链金融本质上是贸易融资的衍生与深化，在交易过程中降低融资成本，优化供应链金融交易双方的营运资金运转效率。

供应链金融的融资方式：第一，应收账款融资是指企业为完成供应链订单需采购资产项目，由于资金数额庞大无法立即实现收付，进而形成应收账款。债权人为防止资金断流，将应收账款进行债权质押或保理，进而形成应收账款融资模式。第二，预付账款融资是有融资需求的供应链下游企业在采购环节中采用预付款项获得资产，后续将债权抵押给金融机构或上游卖方获得款项，避免一次性付款或还款的融资模式。第三，存货融资模式根据质押物的流动性不同，供应链中上下游企业通过专业评估体系对存货进行价值评估，并根据存货价值进行抵押以获得资金。在各种质押授信方式下引入期货公司以降低融资风险。第四，信用模式是指企业通过信用担保的形式来获得融资，主要集中于金额较小的业务，流程简单且方便资金周转。通过分析交易数据和企业信用状况等因素进行综合判断，对企业的资质进行审核。

7.1.3 发展供应链金融的现实意义

推动实体经济不断发展。中小企业向社会提供诸多工作岗位，在实体经济中占据主体地位。然而，处于发展阶段的中小企业，面临融资难、融资贵的问题，未能找到合适的融资途径，这不利于实体经济的发展。就内源性融资来说，大多数中小企业盈利水平不高，相关的资本规模不够大，导致自身扩张受到制约；就外源性融资来说，面对股市要求，许多中小企业因不符合标准而无法上市，无法从股市直接融资。当前，在融资中介中，许多中小企业选择银行贷款作为融资途径。然而，中小企业本身存在不足，比如不能很好地抵御风险、没有健全的财务制度等。为了补偿贷款的高风险，银行会采取提高贷款利率等方式，这也导致中小企业面临现实困境。在供应链金融中，金融支持与供应链管理相结合，在企业的供应链体系中加入金融机构，通过规范整合信息流、资金流等，解决链内上下游企业面临的融资问题，突破了影响中小企业发展的融资困境，从而助力实体经济发展。

控制人工成本。在供应链金融发展中，面临人工成本较高的问题，即便应用了互联网技术，这一问题也依然存在。原因是资金、票据在确权过程中，工期较长，流程较复杂。这样一来，银行被迫投入大量人力来验证票据和交易的真实性。区块链技术可以优化供应链金融，并利用在线平台快速传输文件。在共识机制的引导下，无须进行其他操作便能确认票据、交易的真实性，从而大幅提高工作效率，人工成本明显降低。

提高监管部门的监管效率，进一步加强风险控制管理。区块链技术的特性（不可篡改、信息可追溯等），有利于监管部门开展监管工作，例如加强监管部门对供应链金融的风险管控，不断提高金融机构的风险管理水平，让金融机构安心服务于实体经济，确保资金流向实体经济。

充分挖掘区块链的价值，探索更多的应用场景。供应链金融应用场景的复杂化表明供应链金融发展需要探索前沿的技术手段，而区块链技术能够实现价值的对接。随着区块链技术的进一步应用，供应链金融将会进入智慧供应链金融阶段，让科技融入供应链金融生态圈，结合科技手段挖掘更多的应用场景，并运用数字技术、信息手段等全方位地参与供应链金融业务，真正做到让技术服务于产业，推动企业转型，优化企业结构，进一步提升产业链的价值。

7.2 "区块链+供应链金融"应用现状

在当今的商业环境中，供应链金融作为连接实体经济和金融市场的桥梁，扮演着越来越重要的角色。然而，传统的供应链金融面临着信息不对称、信任缺失、效率低下等问题。区块链技术的引入，为供应链金融带来了创新的解决方案，使这一领域焕发出新的活力。

7.2.1 供应链金融发展现状

供应链金融在全球范围内应用广泛，加强了企业之间的信息交流，提高了企业经营和融资效率，缓解了市场经济中的资金管理压力。我国供应链金融起步较晚，但在企业发展过程中，供应链金融为企业带来了收益性极高的业务，提升了企业的核心竞争力。供应链金融的发展推动央行政策的改革，重塑了企业自身体系，拓宽了金融融资市场，解决了传统银行信贷过程中手续繁杂、效率低下等问题。供应链金融利用自身独特的结构特点解决了融资问题，实现了融资模式的创新发展。

随着社会发展和市场经济环境的变化，企业逐渐将供应链技术运用于企业的各项管理活动中，利用供应链技术的节点、链条等特征实现了企业管理升级，保证了企业管理层的有效管理，进而成为企业提升自身竞争力的主要方式之一。供应链金融在企业实现自身技术改革过程中发挥着重要作用，其在企业融资困境上的应用，能够使企业筹资活动顺利开展，实现内部产业链健康有序发展，增强企业资金的高效性。供应链金融在应用过程中如果难以保证链条企业充分跟进信息技术的进步，将导致无法形成稳定的融资体系。

在信息技术迅速发展的背景下，将区块链技术与供应链金融融合发展，是推动解决企业，尤其是中小微企业融资问题的重要方式。目前"区块链+供应链金融"的融资模式初步应用，吸引了大量中小型企业进行自身模式的创新改革，跟进了信息时代的步伐，推动供应链金融的信息化，提高了运营效率。"区块链+供应链金融"模式在当前阶段面临的最大风险，是市场行情的变化及企业发展现状的多样化，容易使创新模式无法真正最大化地发挥优势，需要政府、企业、市场共同探索区块链技术赋能供应链金融的创新发展路径。

7.2.2 区块链技术在供应链金融发展中的应用

（1）交易信息分布共享。传统的供应链金融是以核心企业为主展开各种交易，并非所有参与主体都了解交易数据及过程。区块链技术中的分布式数据存储强调去中心化,即让所有参与交易的相关节点记录所有交易的全部数据,再通过单个节点传送至全网络的所有节点。同时,各网络节点上的所有交易数据会不断自动更新,并通过全网节点实现各类交易企业、金融机构等生成数据的共享。客户可以通过公钥、私钥查看自身的交易数据,确保企业隐私不被泄露。总体而言,区块链技术中的分布式数据功能既能实现数据共享、保护企业隐私,也能降低链条上节点企业的融资成本。

(2)核心企业信用拆分。传统供应链金融因商票不能拆分,信用无法流转,导致一级供应商后的 n 级供应商受到难以获得商业银行的授信等限制,而供应链金融发展的关键在于参与主体间信用传递的效率。为解决传统供应链金融信用不流转的问题,区块链技术通过搭建联盟链,利用计算机技术拆分核心企业的信用,并通过共享账本将核心企业的信用逐级传递。同时,核心企业在区块链平台上登记其与供应商之间的债权债务关系,并承诺其付款方式和时间。所产生的相关记账凭证可逐级传递,既实现了核心企业信用共享,也帮助企业解决了三角债问题。

(3)智能合约技术执行。智能合约是区块链上合约条款的计算机程序,其应用可确保贸易行为中交易双方或多方能如约履行义务,使得双方的交易顺利进行。通过区块链技术中的智能合约,可以核实供应链上交易主体的信息真实性,并结合历史交易情况判断未来交易的可能性,达到交易条件后,智能合约会启动自动交易"按钮",完成交易,减少供应链金融业务中人工审核产生的误差。这不仅提高了业务交易效率,也提升了业务交易准确率。

7.3　区块链技术在供应链金融中的优势与挑战

区块链技术将分布式数据存储、加密算法等多种新型信息技术进行集成化处理,利用其去中心化、不可篡改、开放性、匿名性等特征对供应链金融进行优化创新,形成"区块链+供应链金融"融合发展模式,促进企业加强融资力度,从而实现高质量发展。

7.3.1　区块链对供应链金融的优势

区块链技术中的交易信息分布共享、核心企业信用拆分和智能合约技术执行在一定程度上能够缓解供应链金融的发展困境。其去中心化、防篡改、可追溯等特点可以帮助企业减少信息不对称,协助企业控制成本,保证供应链金融中的不同企业实现票据数字化交易,做到信息可追溯,提升信息互通效率,增强信用协作能力。

1. 建立真实性生态体系

区块链技术在应用过程中具备的数据分布式存储特点，能够避免数据丢失，防止企业内部数据系统瘫痪导致的经济损失风险。区块链应用于供应链金融中，将供应链上的企业信息进行定向传递和连接，并且保证核心技术信息不被篡改，保障供应链金融的融资质量。区块链技术的引入为供应链金融建立了一个真实、可信的流动生态体系，在体系内充分发挥区块链与供应链的黏合性，发挥区块链技术激发供应链金融积极性的作用。

2. 保证实时性数据存证

区块链技术能够保证所有节点均可对所获信息进行管理，同时避免数据泄露，基本在同一时间获得区块链存储信息。在供应链金融中，区块链技术能够将核心企业的数据和凭证进行拆分，进而实现债权的拆分和流转，拓宽供应链金融的范围。在此基础上供应链金融数据实现了实时性，利用信息技术的数据库实时保存和存档交易数据，保证交易过程中的各项信息实时记录且可精准查询，实现供应链金融数据的实时性存证，进而提高供应链金融的实效性。

3. 触发高效性业务流程

智能合约能够针对供应链交易双方的基本业务信息进行重组、转换，精准捕获最恰当的交易方式，降低大量的人工成本和时间成本，保证区块链管理实现高效性。供应链金融利用区块链的智能合约功能，简化供应链上下交易企业融资过程中的烦琐流程，通过智能合约方便供应链链条上的企业查询业务，高效实现企业与企业之间的融资交易，利用智能合约实现业务实时触发，解决供应链交易双方的矛盾，显著提高供应链整体业务的效率。

4. 强化供应链风险控制

通过利用区块链技术中的智能合约，发挥算法优势来实现智能合约功效，基于企业自身特质来设定企业特有的履约风险机制，在供应链金融融资过程中的起始阶段减少融资不确定性。区块链技术具有自动记录、信息存储等算法特征，供应链金融利用自身节点融合区块链的结算特点，减少人工操作，降低人工错误率，提高交易安全性。供应链金融利用区块链的分布式信息、哈希加密算法等，维护数据整体安全性，保证企业数据的不可篡改性，赋予供应链金融数据传递功能，强化整体风险控制。

5. 提升供应链服务效能

区块链助力供应链金融实现自身体系的整体性，保证供应链金融服务性能高效提

升,促进供应链金融链条上的各个企业实现有效沟通和服务升级。传统供应链金融的开展围绕着核心业务运转,整体人工成本较高,降低了供应链金融的服务效能。"区块链+供应链金融"的创新融资模式通过对资产数字化、证券化等,实现供应链链条的上下游远端企业参与到链内信用共享中,进而提高金融服务效率,增强资产穿透的真实性,拓展供应链金融的服务广度,丰富供应链金融的资金来源。

7.3.2 区块链技术在供应链金融创新发展中面临的风险

1. 信息可能难以及时传达

区块链与供应链金融融合发展过程中容易受到外部市场经济等因素的影响,如果供应链自身征信体系缺失,将会造成供应链上金融机构、交易企业的信息不对称,在供应链上形成信息孤岛。在这样的环境下,供应链难以与金融机构形成信息高度一致的协同效应,难以获得融资支持,最终影响整个供应链的贸易往来,无法推动企业融资效率。当信息因各种原因传达受阻时,将会加大供应链中下游企业数据分析结果滞后的风险,制约供应链金融的融资质量,限制企业发展战略的布局规划。

2. 数据管理成本容易增加

"区块链+供应链金融"的实施中最不可或缺的部分是企业信息化管理,而信息化管理是供应链赖以运作的重要环节。区块链引入之后虽然解决了数据存储的难题,但在数据筛选、数据安全等方面仍存在漏洞。例如,智能合约功能以代码运算为基础运行,为了修补漏洞,企业将需要投入大量成本,不仅需要引进专业技术过硬的人才,更需要进行数据管理设备的更新与升级,以保证供应链金融数据的安全性。

3. 内控手册难以及时更新

对于央行及其他银行"区块链+供应链金融"创新模式的相关融资政策,如果企业内部没有及时跟进和更新,将无法连贯衔接企业发展供应链金融融资的步伐。如果相应的内部控制手册也没有得到更新,那么在缺乏制度约束的情况下,企业在供应链金融融资过程中将无法进行准确操作,导致体系不完善。在融合发展区块链的实际进程中,虽然能够为企业解决融资来源问题,但是如果没有内部控制手册的精准指导,仍然无法保证企业实现高效融资。在这种发展现状下,亟须全方位的内控手册来进行约束和管理。

4. 企业融资平衡状态不稳

企业在发展过程中,极易依靠传统存储信息模式及数据管理体系,尤其对于大型企业而言,难以短时间内实现区块链技术的完全融合。区块链技术能够完整记录企业各项交易和数据，使数据具备可追溯性。对于供应链金融发展不完备的企业而言，如果只是生搬硬套区块链供应链金融，将会使"区块链+供应链金融"创新模式的优势无法发挥，最终产生市场竞争风险，导致供应链金融的生态平衡出现漏洞。区块链技术的融入，使得企业内部各项管理需要重置，在企业内部发展要求方面，增大了原有供应链金融的不稳定性，最终容易引发企业盈利能力、经营管理等方面的大幅波动。

7.4 "区块链+供应链金融"创新发展的对策建议

在供应链金融服务中运用区块链技术时，为了充分利用金融组织信息，应建立动态监督管理安全机制，减少违约风险，优化应收账款融资模式和存货融资模式，保证交易真实性，有效控制风险，增加资金来源，发挥区块链技术优势，高度细化金融信息，使金融模式运转更稳定。

1. 建立动态监督管理安全机制，降低违约风险

供应链金融涉及诸多环节，形成了复杂的金融生态系统。从其基本架构来看，涵盖了基础系统、平台系统以及垂直应用，其中平台系统涉及金融服务、交易等。供应链金融依托核心企业，借助其信用实现供应链运转。核心企业要担负相关职能，对上下游企业，需要有效管理信用；对重要资金的供应方，还需要承担其中的风险。因此，核心企业运作并不轻松。

为了缓解这些问题，需要完善交易流程，建立动态监督和管理安全机制，发挥集成效果，使区块链和智能终端各层连接起来。智能终端层离不开物联网的支持，物联网使终端获得高效感知，在更大的范围内监督产品的生产和运输，诸如产品规格等信息都体现在区块链上。这样一来，便能随时精准查询产品状态，人工成本也明显降低。应用层提供信息查询功能，企业在应用供应链层时，可以有效对接特定系统，使信息查询更具自主性。企业在应用区块链技术时，需要利用分布式记录与存储来对信息进行网格化管理，实现供应链链条企业在融资过程中及时获取可靠信息，突破信息壁垒的制约。

在获取完整有效信息的基础上，供应链金融交易企业能够完善链条监管机制，降低数据泄露风险，构建信息互通、交易可靠的供应链金融服务体系，实时对各项交易进行监管，确保融资需求服务真实可信。比如在应收账款模式中，风险比较集中，这既体现在核心企业的信用方面，也体现在应收账款的真实性方面。通过应用动态监督管理机制，可以突破货物收取与发放方面的局限，业务基本可以在链上实现。核心企业在面对上游企业时，无须其他操作便能签署电子订单，并在短时间内生成清晰的智

能资产。作为资金的供应方，依托区块链层的作用开展审核工作，确认无问题后自动发放贷款。核心企业在约定时间自动还款，一般不会出现违约风险。

2. 完善应收账款的融资模式，实现风险控制

上游供应商及核心企业可借助平台签订电子供销合同，然后由供应商发货，向核心企业开具应收账款的电子单据，此环节不需要人工操作便能形成便捷的数字债权凭证。当供应商将贷款申请发给银行时，无须进行其他操作就能得到电子存证。银行要始终秉持严谨的态度，对供应商的电子凭证信息进行真实性审核，并根据审核结果落实转让交易。在这个环节，可以把应收账款信息看作所有权转移。供应商确认后，平台会自动生成智能合约，此时数字债权凭证会按照程序自行转让，供应商也会自动收到银行贷款。核心企业在还款时，可通过智能合约在规定的时间段内自行归还款项。对于应收账款，其中的数字债权凭证可以自动实现回转处理，由核心企业负责接收。在这种模式下，很多工作可以借助供应链完成。智能合约投入应用后，无论是发放银行贷款，还是核心企业还款，都能自动执行，对中小企业来说，能够有效控制应收账款风险。

3. 优化存货融资模式，提升还款的便捷性

应用区块链技术后，下游的中小企业与物流企业的联系更加便捷，双方可以签订电子形式的仓储协议。至于货物的存储，需要放置在物流企业的仓库中，中小企业取得清晰的电子仓单后，还能自动取得相应的数字债权凭证。在银行与物流企业开展转让交易并确认后，会自动生成并执行智能合约，数字债权凭证此时经过转让到达银行，下游中小企业也会自动获得银行贷款。在还款阶段，企业可借助智能合约实现自动还款，与此同时，存货的数字债权凭证自动实现回转，由中小企业接收，质押的货物则需要依托物流企业才能提取。在存货融资模式中，区块链技术的作用不可小觑，无论对物流企业，还是对下游的中小企业，从存证信息来看，都能实现权利授予可查询，无须物流企业整合货物的监督管理信息，就能传递到银行，帮助中小企业更便捷地还款，并有效控制这一环节的风险，缓解中小企业面临的困境。

利用区块链技术进行点对点传输供应链金融的交易信息和金融信息，确保上下游企业及时获取数据信息。在区块链独特的计算方式下，结合区块链分布式记账的优势，改变信息单向传递，构建信息互通渠道。在信息传递渠道中建立相应节点以维护数据安全，及时定位数据漏洞，确保信息数据保密且不被篡改，推动企业之间融资多元化。在"区块链+供应链金融"创新融资模式下，为核心企业提供信息支撑，拓宽整个供应链金融的发展范围，为交易双方提供信用支撑，促进信息互通，降低金融融资风险，从多个角度来实现区块链下的供应链金融融资，保证融资路径的多样性。

4. 改善预付账款融资模式，保证交易真实性

借助区块链技术，创建匹配的平台，这样便能签订电子购销合同，如果遇到贷款申请，无论是对银行的查阅，还是对电子存证信息，都要予以适当的限制。中小企业的存证信息交到银行进行审核后，系统会生成与之匹配的智能合约，为预付账款提供有效的资金支持。经过三方确认后，智能合约会依照次序执行，此时企业的保证金自动到达银行。接下来，银行通过供应链将贷款递交到核心企业。此时要注意的是，要查看诸如授信额度等关键信息，及时将发货信息发出去。此技术省去了核心企业和银行间的担保授信过程。此外，在这种供应链模式下，结合下游的中小企业来看，当需要处理保证金时，将保证金交到银行。在智能合约的作用下，可避免出现分批发货的现象，既能节省大量人力，也能保障交易的真实性。

5. 增加资金来源，让金融模式运转更可靠

在合作伙伴中，核心企业依然占据重要的地位，同时还应将目光转向社会层面，吸引其他资金，比如信托公司，打造一种"联盟链"，保证各个金融机构能够得到便利的业务开展条件。在今后的发展中，可以尝试应用区块链技术，丰富直接融资方式，有效解决资金缺口。中小微企业常常面临资金不足的情况，对此，可以整合中小微企业，简化交易操作，确保这些企业也能实现上链，从而缓解它们的融资困难。此外，对于传统形式的供应链金融，需要简化其手续，做到公平公开，这样一来，能够减少沟通等环节的成本。在贷款审核中，银行要优化信用评价体系，采用可靠的方式，稳定转化供应链交易中的凭证等，形成数字化凭证，确保简化线下步骤，减少审核时间，优化供应链和区块链，使二者结合的金融模式运转更可靠。

6. 发挥区块链技术优势，高度细化金融信息

区块链技术的正确应用，可以高效整合金融信息，准确提取有价值的信息。通过预先设定的程序，可以提高自动化水平，从而减少人为操作，确保得到的数据结果更准确，同时保护企业信息。在供应链金融中，调查分析相关企业的信用信息，对企业的资金流动实施全面监控，保障供应链金融的安全。在供应链金融中应用信息技术，可以清晰呈现产业的产权，从而简单、直观地界定产权关系。运用区块链技术，细化分析供应链金融内容，有助于科学把握差异化供求关系，确保资金在规范条件下流通。

7. 完善相应制度手册并发挥政府主导作用

根据新型融资模式的优劣势，企业应建立符合区块链特色的监管体系，为供应链金融设置更为完善的内部控制管理制度，了解节点到区域的特点来对企业制度进行改进，为企业供应链金融增加助力。在当前信息技术迅速发展的时代背景下，企业需根

据时代发展建立立体化、全方位的内控手册和管理制度，实现有效监管和高效管理。政府部门也要根据发展情况，制定激励政策来引导企业走向积极型供应链金融，政府应建立企业与税务等主管部门的沟通渠道，降低企业时间成本，促进政企之间的有效沟通，确保企业在供应链金融融资中良性运转。

8. 推动产业融合发展并制定行业衡量标准

区块链技术对企业而言是一项前瞻性的信息技术，将区块链技术充分融入企业发展中，实现产业集成化发展，确保企业的高效进步。通过建立试点项目并整合核心资源，为企业的供应链金融体系打造核心技术平台，构建高质量自主创新系统。在引入区块链的前提下对供应链制定新版行业衡量标准，对外部环境、内部制度进行重新调整，促进产业的分块发展并实现产业之间的交融结合，帮助供应链金融尽快适应区块链技术的加入，建立"区块链+供应链金融"创新发展生态体系，提高企业融资比例，提高资金的流动性。

课后习题

一、名词解释

区块链
区块链技术
金融技术
供应链金融

二、简答题

1. 论述供应链金融结合区块链技术的原因及其对企业的影响。
2. 分析供应链金融结合区块链技术的优缺点，并讨论其防范举措。

第8章

供应链金融的新前沿

学习目标：

1. 理解供应链金融在当前全球经济环境复杂多变、国内经济恢复与高质量发展背景下的重要性和紧迫性。
2. 了解数字化、智能化等技术如何为供应链金融监管提供技术支持，以及如何利用这些技术搭建全国性的供应链金融监管平台。
3. 掌握供应链金融落地难的原因以及破解方法。
4. 了解供应链金融在财政系统中可能引入的新风险和挑战，以及这些问题背后的原因和可行的解决方案。
5. 理解供应链金融规范化的方法，以及供应链金融中出现的不良业态和风险事件的应对措施。

导入案例：

伊利产业链金融新模式

为深入贯彻落实习近平总书记指示精神，促进乳业的共同繁荣与可持续发展，伊利作为乳业龙头企业发挥带头作用，探索产业链金融新模式。从2014年开始，伊利先后成立内蒙古惠商融资担保有限公司、惠商商业保理有限公司、内蒙古惠商互联网小额贷款公司和伊兴奶业投资公司，申请获批4块类金融牌照，耗资千万元搭建乳业产业链金融系统"乳链惠"，帮助解决上游牧场、供应商和下游经销商、分销商及零售门店的资金需求。伊利推动产融深度融合，为产业链注入亟须的资金，驱动产业供应链可持续健康发展。

市场痛点：乳业产业链横跨第一产业农牧业、第二产业制造业及第三产业商贸流通业。乳业作为跨行业的产业，涉及的产业面较广。其中，制造企业属于第二产业制造业，在产业链中处于核心地位；处于产业链上游的第一产业农牧业，为乳制品制造企业提供主要原材料，具有资金密集、投入大、回报周期长的特点；产业链下游是第三产业商贸流通企业，主要是从事乳制品销售的经销商、物流企业等。三大产业之间分工清晰，职责明确。但是存在第二产业乳制品制造企业相对发达，而第一产业农牧业、第三产业商贸流通企业相对欠发达的问题，乳业产业链呈现"中间大、两头小"的格局。

一、解决方案

伊利坚信未来企业竞争不是单个企业的竞争，而是产业链的竞争。合作伙伴缺乏资金会导致供应链不稳定，直接影响产业竞争力。而且，合作伙伴的融资问题是长期的普遍性问题。伊利作为核心企业，注重投入搭建系统、开发产品、建立团队与制度，主动申请类金融牌照，制定以全局长效性和系统性产业赋能为导向的产业融资解决方案，解决上游供应商、牧场及下游经销商的融资问题，保障产业供应链可持续发展。

（1）重视信用共享，主动履行社会责任。从信息中介跃升为信用中介。伊利作为核心企业，决定将最宝贵的资源——"信用"资源，与产业链合作伙伴共享，融资理念由原有的"信息共享"跃升为"信用共享"，体现了大企业的担当与追求。

（2）重视服务，为合作伙伴提供长效、可靠的融资方案。伊利作为核心企业，其深度介入和参与是解决产业链中小企业融资困局的有效途径。为了搭建长效、系统性的解决方案，伊利申请持有相关类金融牌照，不断创新信用融资模式，并专门搭建了产业链金融服务平台，以解决乳业产业链中小企业融资难题。

（3）重视产品开发，为融资客户精心设计产品。设计以产业赋能为导向的金融产品。为了更好地助力产业发展以及快速满足上下游合作伙伴的个性化需求，伊利产业链金融产品设计采用"标准化产品+专属方案+一户一策"的服务原则，并坚持"从实业中来，到实业中去"的产品设计理念。伊利基于多年经营积累的行业大数据以及实地调研考察，熟知合作伙伴的经营状况和融资需求特点。伊利产业链金融业务充分利用产业数据、交易数据，精准定位伙伴需求，深入剖析伙伴交易场景，运用数字化思维，设计金融产品，实现了五个"准"原则，满足了伙伴融资需求，并很好地进行了风险控制。

（4）重视风控，结合行业特点精心设计评估指标与链路闭环。在客户准入方面，伊利产业链金融对上下游小微企业有着严格的准入制度。针对牧场，以忠诚度、专业度、专营度作为三个考量指标。在客户评价与额度建议方面，渠道销售队伍是与经销商最常接触的员工，对他们进行培训，其中，伊利下达的下月销售任务是经销商获批额度的重要参考指标，一般要求经销商至少配套50%的自有资金。在链路闭环方面，经销商无论通过小贷公司融资还是通过银行融资，获批的资金全部打到伊利的货款账户，防止信贷资金挪用，实现资金闭环；在抵质押物方面，从2014年开始，伊利就不断探索将奶牛资产进行标准化，建立奶牛的标准化抵押体系。同时，积极实践将存货、应收账款等流动资产转为有效征信。

（5）重视数字化，提升可视化与效率。在移动互联网快速普及的环境下，伊利在看到产业互联网的趋势后，于2016年搭建了"伊路通"系统，打造全新的金融服务模式。2021年，"伊路通"系统升级为2.0版本"乳链惠"。

（6）重视运营，激活一线人员积极性，防范内部员工串谋，保障人员结构的合理性。第一，每位一线人员都是最了解上下游合作伙伴情况的信贷人员，而且业务员遍布全国，可以在当地完成融资需求收集及经营情况调查的工作，减少尽调成本。第二，在内控方面，伊利通过制度设计与文化建设，进一步防范串谋风险。伊利的融资业务由销售代表、城市经理发起，由区域经理和大区经理等人员协助把关，最后由业务部门、财务部门、金融团队组成风险管理三道防线。伊利的企业文化要求业务人员不能与客户有资金往来、收受礼金、吃饭等行为，从管理制度上大幅降低内部人员舞弊、串通的概率。第三，在队伍建设方面，金融团队坚持三三制的人员结构。

二、取得成效

（1）产业链金融成果显著。通过信用共享模式，伊利给产业链合作伙伴注入了亟须的资金，催生了产业和金融的化学反应。截至2021年12月31日，伊利累计为8590户产业链上下游合作伙伴提供金融扶持，累计融资金额达930亿元，其中80%的合作伙伴之前从未获得过融资，户均150万元。上下游合作伙伴的平均融资成本从9%降至6%，减轻了资金负担。截至2021年年末，伊利产业链金融业务不良率为0.52%，远低于中小微企业的平均水平。

（2）行业整体降本、增效、提质、增收效果显著。伊利通过实施产业链金融，使其上游增加了约20万头奶牛，带动鲜奶产量增长约110万吨，行业增幅达15%。同时，由于加工行业的上游是养殖业，养殖业的上游是种植业，借助产业链金融赋能上游种植业，有效保护了上游种植玉米、苜蓿草的积极性。

（3）可持续发展效益显著。伊利采取放宽融资额度、下调融资利率、延期付息等扶持措施，与产业链企业共抗新冠疫情。在新冠疫情趋于平稳后，为支持中小微企业复工复产，对产品进行了进一步优化，融资利率下调，最低融资利率达4.5%，切实节约企业财务成本，为产业链协同复工复产提供精准金融服务。

（4）社会效益显著。带动了500万上游农牧民脱贫致富。此外，伊利的产业链普惠金融模式，为其他龙头企业解决上下游融资困境，赋能产业可持续发展提供了样本。

8.1 供应链金融的时代新内核

数字经济的迅速发展，正在改变供应链金融赖以开展的基础。这使得现实中对供应链金融的迫切需求遇上了被科技改变的供给。二者的结合，正在从根本上改变驱动供应链金融发展的核心元素。

8.1.1 市场需求升级

从需求侧来看，当前中小微企业与实力较强的核心企业对供应链金融的需求都在上升。

一方面，中小微企业数量快速增长，释放出旺盛的融资需求。国家市场监督管理总局数据显示，截至 2023 年 5 月底，全国登记在册的民营企业数量达到 5092.76 万户，占注册企业总数的 92.4%，其中 99% 以上是中小微企业。对于数量庞大的中小微企业来说，他们缺乏抵押物，供应链金融是其获取金融资源的有力途径。

另一方面，核心企业发展供应链金融的动力不断增强。供应链金融的发展关乎未来产业竞争力的持续提升，是新一轮竞争的关键制胜因素之一。因为供应链金融的发展能够帮助核心企业的上下游同步发展，从而畅通供应链、提升供应链的安全性与韧性、促进供应链降本增效，推动核心企业增强竞争力，帮助整个产业取得更快更好的发展。

8.1.2 供给意愿提升

从供给侧来看，金融机构发展供应链金融的动力也在增强。供应链金融是金融机构服务实体经济的有效抓手。此外，受利率市场化改革影响，银行业传统收入的主要来源——息差正在持续下降，收入增长压力加大。供应链金融成为银行业对公业务的主要增长点之一。这是因为：第一，通过发展供应链金融业务，银行业可以批量拓展传统大型企业客户之外的中小微企业客户，从而优化客户结构；第二，供应链驱动的中小微企业信贷服务扩展了金融机构长期可持续发展的业务空间；第三，在为中小微企业提供信贷服务的同时，银行业还可以拓展其他相关业务，如链属企业的存款、公司理财、现金管理等业务。

8.1.3 技术能力升级

与此同时，科技进步正在改变金融机构在供应链金融中的供给能力。AI、物联网、区块链、5G 等新兴技术的发展使得多维数据的获取成为可能，有效地消除了信息差，

第 8 章 供应链金融的新前沿

提升了风控、营销等智能决策能力，从而使得之前部分产业链末端的"不可贷"变得"可贷"，大大拓展了供应链金融服务范围。例如，AI、物联网与区块链技术相结合，可以对活体家畜购置入栏、持续在养、出栏销售全流程进行 7×24 小时的不间断监控，从而获得更丰富的家畜养殖数据。这样，生物资产就可以作为抵押物，帮助农户获得贷款。

8.1.4 政策推动助力

如表 8-1 所示，自 2020 年以来，一系列推动供应链金融发展的政策陆续出台，提升了供应链金融的战略高度，同时也为供应链金融发展的基础设施建设、数据采集规范、创新发展模式等指明了更明确的方向。

表 8-1 2020 年以来供应链金融相关政策梳理

时间	文件、通知及政策等	内容
2020 年	《关于规范发展供应链金融、支持供应链产业链稳定循环和优化升级的意见》	加强供应链金融配套基础设施建设，首次提出通过打造"物的信用"和"数据的信用"助推产业链升级
2021 年	《2021 年国务院政府工作报告》	政府工作报告在解决小微企业融资难题具体举措中首提"创新供应链金融服务模式"
2021 年	《"十四五"规划和 2035 年远景目标纲要》	聚焦提高要素配置效率，推动供应链金融服务创新发展
2022 年	国务院《"十四五"数字经济发展规划》	"推动产业互联网融通应用，培育供应链金融、服务型制造等融通发展模式，以数字技术促进产业融合发展"
2022 年	国家发展改革委《"十四五"现代流通体系建设规划》	"统一供应链金融数据采集和使用的相关标准、流程，确保数据流转安全合规，加快人工智能、大数据、物联网等技术应用，为供应链金融线上化、场景化及风控模式转变提供技术支撑"
2022 年	国务院《"十四五"现代物流发展规划》	"鼓励银行等金融机构在依法合规、风险可控的前提下，加强与供应链核心企业或平台企业合作，丰富创新供应链金融产品供给"
2023 年	银保监会《关于 2023 年加力提升小微企业金融服务质量的通知》	综合运用动产、供应链票据、应收账款融资推动小微企业综合融资成本逐步降低
2023 年	《关于金融支持全面推进乡村振兴、加快建设农业强国的指导意见》	"鼓励供应链核心企业通过链条白名单确认、应收账款确权等多种方式为上下游企业担保增信，提升链上企业、农户和新型农业经营主体融资可得性"

8.2 供应链金融落地难题如何破解？

IDC 联合京东科技发布了《2023 供应链金融科技发展洞察白皮书》（以下简称：

《白皮书》)。报告对分布在制造业、消费品、能源化工、交通运输、ICT 行业的 60 家核心企业(以主营业务规模在 50 亿元人民币以上的企业为主)使用供应链金融的发展现状,进行了定量调研,同时也结合了部分核心企业和金融机构的深度访谈。25%的受访企业供应链金融业务处于单点试验阶段;51.7%的受访企业的供应链金融业务处于局部推广阶段。总体来看,目前供应链金融的惠及面还有待进一步扩大。

8.2.1 落地存在困难

供应链上下游融资均存在痛点,其中一个突出的痛点是供应链下游融资的可获得性不高。据 IDC 研究显示,可用于支持风控决策的相关数据缺乏是下游经销商融资可获得性低的主要原因。在调研的 60 家企业中,核心企业不方便提供数据的比例达到 43.8%。

要推动供应链金融在产业落地,核心企业是一个极佳的切入点。然而,从落地企业的角度来看,核心企业在推进供应链金融落地方面尚存在数字化程度较低、数字基建成本高、风控能力不足、运营提升困难等关键挑战。

1. 数字化程度较低

数字化建设的完善程度,是供应链金融落地的关键挑战。IDC 调研显示,大部分核心企业供应链金融的数字化程度较低,"几乎没有数字化"和"有少量的数字化系统"的受访者总计占比高达 70%。

2. 数字化建设成本高

供应链金融服务能力的提升需要解决数字化能力不足的问题,首先要面对的就是成本挑战。因为供应链金融业务的拓展,需要进行供应链金融科技平台的建设,以支持资金与资产的对接。而供应链金融科技平台的数字化是一个系统工程,需要较长的建设周期和较高的成本投入。

3. 风控能力不足

供应链金融在各行业的落地过程中,风控能力的提升是核心挑战。如前文所述,此前,供应链金融服务主要面向核心企业的上游企业;对于下游企业来说,风控能力的提升是供应链金融下沉的关键点。在实践中,下游企业申请贷款时,核心企业需要协助金融机构进行风控。而在协助风控过程中,核心企业面临的风控难点体现在:(1)缺乏对抵质押物进行管控的科学方法,导致金融机构无法基于这些财产进行授信。(2)可用数据不足,包括缺乏外部数据、缺乏二三级及更终端的经销商数据、历史数据积累不够等。(3)对数据进行分析的技术实力不足。此外,核心企业在协助供应链金融风控方面面临的挑战，也体现在其选择合作伙伴时所看重的能力上。IDC 调研数据显示，与外部合作搭建或完善供应链金融服务平台时，核心企业看中合作伙伴的能力中，风控能力排名第一。

4. 运营支持乏力

对于供应链金融服务平台而言，在具备科技能力、系统建设之后，运营是更为重要的因素。只有做好运营，供应链金融科技平台才能让产业客户真正使用，切实解决供应链中的融资问题，从而为供应链上下游创造价值。

目前，市场中供应链金融服务平台的运营是较为薄弱的环节。IDC 调研显示，53.2%的受访者反馈，现有供应链金融服务平台虽有一些运营，但不够精细化，运营效率不高，缺乏数据抓手，仍依赖经验导向。另有 8.5%的受访者反馈，几乎没有运营。

IDC 调研结果显示，数据运营是核心企业推进供应链金融业务中最大的挑战。数据运营是驱动数据要素创造业务价值的有效方法，其中包括几大要素：数据、算法、流量、风控、合规。在供应链金融场景的用户增长、反欺诈、信用评估、合规审查等诸多环节中，数据运营能够有效促使数据产生更大的业务价值，如提升用户活跃度、扩大信贷规模、管理不良风险等。

8.2.2 如何解决困局

业内人士认为，借助技术创新、价值跃迁、模式创新、产品创新以及场景延伸等途径，是有效赋能供应链金融服务模式创新与产业链高质量发展的关键。

破局之法在于行业良性生态的构建。在 IDC 金融行业研究总监高飞看来，供应链金融要通过数字化、实体化、资本化等手段，借由不同类型的参与方在数据和洞察方面的共享，包括应用共享、技能共享来打造可信的行业生态。行业生态伙伴通过专注于自己的专长，能够更好地服务客户。

比较而言，供应链金融数字生态的模式创新，是当前供应链金融科技平台各类尝试中的较优解。《白皮书》指出，供应链金融数字生态的建设能有效推动主流依赖于核心企业贸易关系的融资模式，发展为由金融机构、金融科技公司、产业企业等生态伙伴共同参与、协同发展的生态圈，能有效整合并打通金融、科技及产业等多方资源，并实现资金与资产的高效对接。产业方、金融机构与科技公司之间的融合发展是一种推动三方资源共享、平台互通、数据共用的数字供应链金融生态建设及模式创新的方法。

IDC 认为，实体产业经过多年发展，不少已经完成了主要产品和市场的占领，未来发展面临瓶颈。基于在供应链管理中的核心地位，核心企业应当提升发展供应链金

融的战略高度,通过供应链金融的发展,进一步提升产业竞争力。"未来的竞争不是一个人的竞争,而是供应链的竞争。"供应链金融未来发展的核心问题在于核心企业自身的觉醒,把供应链管理提升到一个新的高度。

8.3 供应链金融是否在财政系统中打开了新的漏洞?

随着金融科技的快速发展,供应链金融作为一种新兴的金融形式,日益成为财政系统中的焦点和关注的对象。然而,其引入是否会引发新的财政系统漏洞,是当前备受关注的议题。供应链金融所具备的灵活性和高效性,以及其与多方合作伙伴之间的直接联系,意味着其对财政系统的影响可能带来全新的挑战和机遇。

近年来,各商业银行积极布局供应链金融,开展了包括应收账款融资、库存融资、预付账款融资等在内的多种形式的融资服务。但从实践效果来看,银行开展供应链金融业务仍存在过度依赖核心企业、应收账款确权难、风险控制难度大等问题,中小微企业获得感不强。

以"应收账款确权难"为例,商业银行在对中小微企业应收账款真实性进行审核时,需要核心企业就贸易过程中的合同、出库单、运输单等真实性进行签字盖章(即对应收账款进行"确权")。然而在实践中,核心企业通常并不愿意配合,由此造成应收账款无法确权。总体来看,"应收账款确权难"的根源在于核心企业通过自身优势地位,利用赊销、压货、延长账期等手段,将资金压力转嫁到供应链上处于弱势地位的上下游中小微企业。

供应链金融是立足于产业基础上的金融服务,但这并不意味着它天然地就能解决传统中小微企业授信中存在的信息不对称、风险识别难等问题。受制于不同银行机构对风险的认知和管控能力不同,传统供应链金融模式下,银行在发展供应链金融的同时也存在一些漏洞。

1. 业务开展过度依赖核心企业

供应链融资业务本质是以核心企业的信用和偿债能力为基础,以其与上下游企业的交易为信用依托,为产业链上下游相关企业提供融资。核心企业需要承担信用额度分享、信用担保、信息沟通等责任,这加大了核心企业的财务成本和管理成本。如果核心企业不愿意或无法与上下游企业形成这种信息共享、风险分担、有效管理的链条协作关系,那么,供应链金融发展将难以推进。

2. 操作风险管理难度大

不同于传统授信业务以企业信用为基础,供应链金融通过自偿性的交易结构设计,构筑了独立于企业信用风险的第一还款来源。但这无疑对操作环节的严密性和规范性提出了很高的要求，并导致了信用风险向操作风险的转移。交易是否真实、交易标的物价值是否公允等将成为判断风险的最主要依据。我国供应链金融企业在风险控制方面还存在一定的不足，缺乏完善的风险管理体系和有效的风险评估工具，难以对供应链金融的风险进行有效识别、评估和控制。这不仅影响了供应链金融的稳定性，也对其业务拓展造成了限制。

3. 对产业链的研究不够

供应链金融模式使得传统"一对一"放贷风险变成"一对多"关联风险，增加了金融机构风险管控的难度。这就要求银行在涉足供应链金融业务时要加强产业研究，对产业分布、运营、交易以及影响因素了解清楚、研究透彻，把单个企业的不可控风险转化为整个供应链的可控风险。但目前，商业银行在供应链金融服务方面多以核心企业的主体信用为依据，以传统标准化产品（如仓单存货质押、应收账款或预付款融资、反向保理等）为主，差异化和专业化水平都明显不足。

4. 供应链金融的融资模式单一

当前，我国供应链金融的融资模式较为单一，主要以传统的银行信贷为主。这种单一的融资模式不仅限制了供应链金融业务的拓展，也难以满足不同类型企业的融资需求。由于银行信贷的限制条件较多，一些中小企业和新兴产业在融资方面面临较大困难。因此，创新融资模式，发展多元化的供应链金融产品和服务，是当前我国供应链金融行业亟待解决的问题之一。

5. 供应链金融的信息化程度较低

供应链金融的信息化程度是影响其效率和稳定性的重要因素。然而，我国供应链金融行业的信息化水平仍然不高。许多供应链金融企业缺乏现代化的信息技术手段，无法实现供应链信息的实时共享和整合，导致供应链金融的运行效率低下。信息化水平的不足也使得供应链金融企业难以对市场变化作出快速响应，无法有效地进行风险控制和业务拓展。

6. 法律法规不健全

供应链金融行业的发展需要健全的法律保障体系。然而，目前我国供应链金融行业的相关法律法规仍不完善，缺乏对供应链金融业务的有效监管和规范。这可能导致供应链金融业务中存在一些法律风险和合规问题，给企业的经营带来一定的不确定性和风险。由于法律法规的不健全，一些不法分子还可能利用供应链金融进行违法犯罪活动，对行业形象和信誉造成不良影响。因此，完善相关法律法规，加强对供应链金融业务的监管和规范,是当前我国供应链金融行业亟待解决的问题。

7. 缺乏独立成熟的第三方供应链金融平台

当前,我国供应链金融平台主要由商业银行主导,这是由商业银行在信息化建设资金、技术、人才、实践等方面的先发优势决定的。但这种商业银行一家独大的供应链金融业态也有着若干弊端。

首先,银行主导的供应链金融平台在整合供应链业务方面存在先天不足。银行的专长在于向资金需求方提供合适的融资手段,但供应链金融以其自偿性融资、与实际贸易紧密联系的特点,无法完全脱离具体现实业务单独进行资金融通。因此,一个能够对供应链业务流程提供良好支撑的系统,更有可能实现对供应链金融的有效支持。

其次,由银行主导供应链金融平台的构建,容易导致供应链金融各主体之间信息不对称。这是因为银行可能无法以最低成本了解企业的信用信息,同时银行未必有动力为供应链成员企业提供更全面、翔实的供应链整体的信息。

最后,银行主导供应链金融平台的建设,无法全面发挥信息化营销手段的"长尾"优势,可能导致供应链金融业务增长乏力。考虑到商业银行金融业务线较长的现实背景,如果有第三方机构承接商业银行的供应链金融平台服务,则其可能凭借专业化与规模化优势,突破商业银行在供应链金融方面的渠道制约,以更低的成本和更广的覆盖面来开展供应链金融业务。

综上所述,有必要引入由独立电子商务公司运营的第三方供应链金融平台。在供应链金融发展较早的国家,已经有了成熟的第三方供应链金融平台服务提供商。这些独立于商业银行、供应链成员企业、物流公司的电子商务公司具有专业化优势与相对的公正性,能够对供应链金融进行一个较好的整合。但在我国,受限于发展阶段的局限,独立的第三方供应链金融平台还不是很成熟,相关产业还未得到充分培育。更值得关注的是,在有关民间金融的议题上,我国相关政策法规尚未放开,而独立的第三方供应链金融平台由于其特有的金融属性,在我国业务开展上多有掣肘。因此,加快我国对民间金融的立法,给予民间金融机构明确的定位,这对供应链金融平台服务的发展至关重要。

8.4 企业社会责任——供应链管理中有财务公平竞争吗?

供应链金融是一种根植于供应链的新型融资工具,同时也是供应链上的核心企业积极履行社会责任的重要载体,已经得到越来越多的企业和供应链的青睐,供应链金融的有效性也得到了学术界众多学者的充分论证。但在现实生活中,我们仍然可以看到很多有关"核心企业利用供应链金融压榨上下游企业"和"核心企业与上下游企业合谋骗取银行资金"的现象。

与此同时，人民银行等部门发文规范发展供应链金融——核心企业不得挤占中小微企业利益：中国人民银行等八部门联合印发《关于规范发展供应链金融支持供应链产业链稳定循环和优化升级的意见》(简称《意见》)，提出23条政策要求和措施，稳步推进供应链金融规范发展和创新。

《意见》首次明确，供应链金融是指从供应链产业链整体出发，运用金融科技手段，整合物流、资金流、信息流等信息，在真实交易背景下，构建供应链中占主导地位的核心企业与上下游企业一体化的金融供给体系和风险评估体系，提供系统性的金融解决方案，以快速响应产业链上企业的结算、融资、财务管理等综合需求，降低企业成本，提升产业链各方价值。

"供应链金融具有直达特征。"一位专业人士指出，新冠病毒疫情发生以来，中小企业的脆弱性上升。尤其是核心企业倾向于拖欠账款，对于中小企业来说，一旦账期过长，流动性被占用，经营就难以为继。供应链金融能够有效打通中小企业在产业链中的"堵点"，参考产业链中的核心企业的信用，为产业链中的中小企业融资，能够让资金在产业链中流动起来。

招联金融首席研究员董希淼表示，规范发展供应链金融，推动产业链条上下游企业之间的开放合作、共同发展，促进产业链条上大中小企业分工协同、共生共赢，有助于保持供应链产业链完整稳定，进而更好地支持稳企业保就业工作。

供应链产业链之中，可能涉及几十、几百甚至上千家中小微企业，如果金融机构使用传统的授信办法，可能难以满足企业需求。因此，这就对金融机构的线上化、数字化水平提出了较高要求。《意见》明确，探索提升供应链融资结算线上化和数字化水平。在供应链交易信息清晰可视、现金流和风险可控的条件下，银行可通过供应链上游企业融资试点的方式，开展线上贷前、贷中、贷后"三查"。支持探索使用电子签章在线签署合同，进行身份认证核查、远程视频签约验证。支持银行间电子认证互通互认。

"这具有针对性和前瞻性。"董希淼表示，规范发展供应链金融，重要的方向是发展数字供应链金融。因此，应基于供应链上下游企业之间的真实交易，加快建立场景、技术、风险、监管四位一体的数字供应链金融网络。

此外，对于供应链金融中出现的不良业态和风险事件，《意见》也着力强化风险防范、维护产业生态良性循环。《意见》明确，核心企业不得一边故意占用上下游企业账款，一边通过关联机构提供应收账款融资赚取利息。各类供应链金融服务平台应付账款的流转应采用合法合规的金融工具，不得封闭循环和限定融资服务方。核心企业、第三方供应链平台公司以供应链金融的名义挤占中小微企业利益的，相关部门应及时纠偏。

8.5 我国供应链金融发展的建议与展望

随着 5G、云计算、区块链、AI 等新一代移动互联、数字化、人工智能等创新技术的出现，商业银行将其传统的供应链金融向数字供应链金融新模式方向转型。数字化供应链金融在融资环境、数据获取和处理、风控模式等方面出现了许多新变化，迎来进一步发展的新机遇，同时也带来了一些新问题。为了提升监管的前瞻性、精准性、有效性和协同性，对数字供应链金融的科学引导和监管，应从以下几个方面着手。

（1）要从战略高度，提升对做好供应链金融重要性和紧迫性的认识。在一系列扩大内需、提振信心、防范风险的政策举措作用下，国民经济延续恢复态势，积极因素累积增多，发展质量稳步提高。但受三年疫情影响，逆全球化、贸易保护主义抬头和全球贸易投资放缓等因素导致外部环境更趋复杂。再加上我国经济内生动力尚在培育中，支撑经济高质量发展的动力不足，经济下行的压力仍未消除，还需持续培育向好的态势，进一步巩固和夯实经济发展的基础，尤其是在某些易被"卡脖子"的高科技等关键领域。占我国企业主体 99%以上的广大中小企业，尤其是一些科技型中小企业，在增强经济活力、提升科技创新水平、带动社会就业和改善民生等方面起着巨大的稳定作用。从融资抵押物和担保来看，它们又普遍天生不足，而供应链金融以"1 + N"的模式，依托核心企业，服务其上下游企业，涉及的面广、数量多、链条长，能够起到立竿见影的作用。

（2）要认识到外部环境和技术更新等因素导致供应链金融服务的环境更加复杂多变。随着世界经济尤其是西方经济整体放缓，各国在产业链、高科技等领域的竞争愈加激烈，使得许多供应链、产业链的生命周期缩短，"黑天鹅"突发事件增多，供应链脆弱性增加。一旦发生突发事件，不仅核心企业受影响，其上下游企业由于自身规模较小、核心技术储备不足以及关键人员突发辞职跳槽等因素，更易受到波及，从而使得供应链金融的整体风控要求越来越高，各类数据更新周期变得越来越短，需要监测的关键变量大幅增加。例如，近年来国际大宗商品价格，在地缘政治干预和炒作等因素影响下，价格波动更加频繁，且上下波动幅度更加剧烈。又如，产业技术创新的迭代周期越来越短，每出现一项新技术突破，对相关创新企业来说是机遇，但对现有技术企业而言，则意味着被取代、被折旧，甚至被淘汰，相应地对投放在现有技术企业中的资金，就面临风险。此外，"去风险化"及以国家安全为由进行的各种政策打压，也会给供应链金融涉及的相关企业带来巨大的影响。这些因素往往会影响供应链金融融资模式中的产品价值判断，容易出现价值高估、期限错配等问题。这就需要我们引导商业银行机构提升对行业观察的前瞻性和敏感性，对可能出现的风险做好预案，预留空间；同时，还要引导商业银行机构加大供应链金融专业人才的培养力度，定期参与行业调研，组织行业座谈会，把握行业和技术发展的最新动向，保持"时时放心不下"的警觉。

（3）要认识到供应链上的许多中小企业普遍存在"跨链"现象。它们不仅仅是某核心企业的上下游，还可能是其他多家核心企业的上下游。从整体上看，存在数量众多的主链（主根）和更加庞大的子链（须根），且须根会与不同的主根相交叉，相互影响。这就意味着核心企业和上下游企业会在不同的机构进行供应链金融融资，不可避免地形成多头授信、多头信贷，甚至过度授信、过度信贷、贷款垒大户等现象。这就需要监管部门站在更高的角度，以全球视野和跨行业的视角，对机构进行科学引导，对各机构纷繁庞大又相互影响的不同供应链融资进行交叉监控和行业整体监控，从整体上守住不发生系统性金融风险的底线。

（4）要充分认识到数字化、智能化为更好地监控供应链金融提供了技术支撑，使全方位高水平监管成为可能。当前，我国越来越多的传统行业，包括银行业都在快速向数字化转型，这也是国家倡导的大力发展数字经济的战略要求，数字经济在我国经济中的比重也越来越高。在5G、云技术和人工智能等技术的支持下，数据的生成和获取较之前变得更加容易，物联网技术又让万物互联变成现实，之前一些不太可能获得、不太容易及时处理、无法共享的数据，在数字经济新时代已有了技术解决的可能。这意味着新技术的创新和突破，以及广大核心企业和中小企业的数字化转型和应用，为搭建全国性的供应链金融监管平台提供了可能。通过这样的平台，不但可以整合各商业银行机构、各核心企业、众多子链企业的自身数据、第二方数据、第三方数据，还能在一个更广泛的维度进行大数据分析，进一步提升供应链金融整体监测的范围和灵敏度，尤其是通过全国性供应链金融监控平台，进行行业管理和行业风险预警成为可能。若能搭建这样的平台，定能让各商业银行机构、核心企业和更多的中小企业享受到供应链金融服务带来的实惠，实现多赢，同时又能提升金融风险管控的前瞻性和准确性。

（5）要提高供应链金融的综合风险管控能力。供应链金融尽管是立足于产业基础上的金融供应链服务，但是并不意味着它天然地就能规避风险。相反，当众多企业和金融机构大量涌入供应链金融领域，一旦供应链业务不能有效组织，出现信息不对称状况，违约和"爆雷"事件会层出不穷。因此，打造供应链金融的风控能力成为供应链金融健康持续发展的关键。建立供应链金融风险控制体系，必须采用有效的手段和措施保证贸易背景的真实性，一旦供应链贸易行为、单证、交易对象等出现问题，必然产生巨大危机。因此，对交易主体的判别、交易行为的核实、交易过程的把握以及交易要素的确保就成为供应链金融发展必须苦练的内功。

（6）承担可持续的社会责任是供应链金融发展的义务。供应链金融的社会责任和可持续发展问题将成为未来需要探索的课题。供应链金融的社会责任和可持续问题包括两层含义。第一层含义是供应链金融合规经营以及保障中小微企业持续健康发展的责任。供应链金融的合规化既是金融监管的要求，也是可持续发展的呼唤。此外，如何切实保障有竞争力的中小微企业获得运营资金，防范资金流向非经营性领域或者非效领域，也是供应链金融承担的责任。目前，中央和各地方政府都制定了一系列政策措施，推动金融机构服务中小微企业，便利中小企业融资。这是让金融回归产业的重要制度保障。供应链金融社会责任的第二层含义是借助供应链和金融真正服务于处于劣势地位的农户以及循环经济行业，打造持续可循环、具有竞争力的农业供应链和再循环产业供应链。

课后习题

一、名词解释

"N+N"供应链模式

应收账款融资

二、思考题

1. 简述供应链金融的时代新内核。
2. 探讨供应链金融为什么落地难，以及如何破解该难题。
3. 思考当代企业应该如何履行社会责任，如何应对供应链金融体系中的不规范、不合法事件，以增加业务公平性。

参 考 文 献

陈祥锋. 供应链金融服务创新论[M]. 上海：复旦大学出版社，2008.

陈祥锋，朱道立，应雯珺. 资金约束与供应链中的融资和运营综合决策研究[J]. 管理科学学报, 2008, 11(3): 70-77, 105.

胡跃飞，黄少卿. 供应链金融：背景、创新与概念界定[J]. 金融研究, 2009, 8: 194-206.

屠惠远，华国伟，汪寿阳. 资金约束供应链中最优融资和生产决策研究[J]. 系统科学与数学, 2011, 31(11): 1412-1422.

陈祥锋，朱道立. 资金约束供应链中物流提供商的系统价值研究[J]. 系统工程学报, 2008, 23(6): 665-673.

张媛媛，陈建斌. 库存商品融资下的库存优化管理[J]. 系统工程理论与实践, 2008, 28(9): 29-38.

晏妮娜，孙宝文. 考虑信用额度的仓单质押融资模式下供应链金融最优策略[J]. 系统工程理论与实践, 2011, 31(9): 1674-1679.

鲁其辉，曾利飞，周伟华. 供应链应收账款融资的决策分析与价值研究[J]. 管理科学学报, 2012, 15(5): 10-18.

朱庆华，窦一杰. 基于政府补贴分析的绿色供应链管理博弈模型[J]. 管理科学学报，2011，14(6): 86-95.

龚本刚，程晋石，程明宝，公彦德. 考虑再制造的报废汽车回收拆解合作决策研究[J]. 管理科学学报, 2019, 22(2): 77-91.

杜志平，付帅帅，王丹，李亭亭. 基于不同回收主体下闭环供应链收益协调研究[J]. 商业经济研究, 2019, 1: 37-39.

杨浩雄，段炜钰. 面向制造商资金约束的绿色供应链融资策略研究[J]. 运筹与管理, 2019, 08(28): 126-133.

Goyal S K. Economic order quantity under conditions of permissible delay in payments [J]. Journal of the Operational Research Society, 1985, 36: 335-338.

Fisman R, Love I, Trade credit, financial intermediary development and industry growth [J]. Journal of Finance & Economics, 2003, 58: 353-374.

Ge Y, Qiu J P, Financial development, bank discrimination and trade credit[J]. Journal of Banking & Finance, 2007, 31: 513-530.

Teng J T, Chang C T, Optimal manufacturer's replenishment policies in the EPQ model under two levels of trade credit policy [J]. European Journal of Operational Research, 2009, 195: 358-363.

Ho C H. The optimal integrated inventory policy with price-and-credit-linked demand under two-level trade credit [J]. Computers & Industrial Engineering, 2011, 60: 117-126.

Mahata G. An EPQ-based inventory model for exponentially deteriorating items under retailer partial trade credit policy in supply chain[J]. Expert Systems with Applications, 2012, 39: 3537-3550.

Buzacott J A, Zhang R Q. Inventory management with asset-based financing[J]. Management Science, 2004, 24: 1274-1292.

Xu X D, Birge J R. Joint production and financing decisions: Modeling and analysis[R]. Working paper,

Graduate School of Business, University of Chicago, 2004.

Li L, Shubik M, Soble M J. Control of dividends, capital subscriptions, and physical inventories[R]. Working paper, Yale School of Management, 2005.

Srinivasa Raghavan N R, Mishra V K, Short-term financing in a cash-constrained supply chain[J]. International Journal of Production Economics, 2011, 134(2): 407-412.

Dada M, Hu Q H, Financing newsvendor inventory [J]. Operations Research Letters, 2008, 36(5): 569-573.

Van Horen N. Do firms use trade credit as a competitiveness tool? Evidence from developing countries[R]. Working paper, World Bank. 2005.

Kouvelis P, Zhao W H. Financing the newsvendor: supplier vs. bank, and the structure of optimal trade credit contracts[J]. Operations Research, 2012, 60(3): 566-580.

Fang L, Xu S. Financing equilibrium in a green supply chain with capital constraint[J]. Computers & Industrial Engineering, 2020, 143: 106390.

Cong J, Pang T, Peng H. Optimal strategies for capital constrained low-carbon supply chains under yield uncertainty[J]. Journal of Cleaner Production, 2020, 256: 120339.

Caldentey R, Chen X. The role of financial services in procurement contracts[M]. In: Handbook of Integrated Risk Management in Global Supply Chains, 2010.

Lee S Y. Drivers for the participation of small and medium-sized suppliers in green supply chain initiatives[J]. Supply Chain Management: An International Journal, 2008, 13(3): 185-198.

Zhao L, Huchzermeier A. Managing supplier financial distress with advance payment discount and purchase order financing [J]. Omega, 2019, 88: 77-90.

Thangam A. Optimal price discounting and lot-sizing policies for perishable items in a supply chain under advance payment scheme and two-echelon trade credits[J]. International Journal of Production Economics, 2012, 139: 459-472.

Kouvelis P, Zhao W. Financing the newsvendor: supplier vs. bank, and the structure of optimal trade credit contracts[J]. Operations Research, 2012, 60: 566-580.

Chen X, Cai G, Song J. The cash flow advantage of 3PLs as supply chain orchestrators[J]. Manufacturing & Service Operations Management, 2019, 21(2): 435-451.

Cachon G P. Retail store density and the cost of greenhouse gas emissions[J]. Management Science, 2014, 60(8): 1907-1925.

教师服务

感谢您选用清华大学出版社的教材！为了更好地服务教学，我们为授课教师提供本书的教学辅助资源，以及本学科重点教材信息。请您扫码获取。

▶▶ 教辅获取

本书教辅资源，授课教师扫码获取

▶▶ 样书赠送

财政与金融类重点教材，教师扫码获取样书

 清华大学出版社

E-mail: tupfuwu@163.com
电话：010-83470332 / 83470142
地址：北京市海淀区双清路学研大厦 B 座 509

网址：https://www.tup.com.cn/
传真：8610-83470107
邮编：100084